JEUNES DISCOURS
VOLUME I

REMERCIEMENTS

L'idée d'écrire Jeunes Discours m'est venue en 2009, à la suite de débats échauffés entre jeunes Ivoiriens sur la situation sociopolitique de la Côte d'Ivoire ces dernières années. Malgré la participation d'amis tels que Jean Marc Djanhan et Afou N'Dri Benjo en 2010, il a fallu que six (6) ans plus tard, Arnaud Blé-Debuc vienne me remettre sur les rails de mes idées. Arnaud à qui va mon plus grand merci, Arnaud sans qui ''Jeunes Discours'' ne se serait pas tenu. J'aimerais aussi par cette présente note remercier tous les autres participants, qui n'ont pas hésité un seul instant à nous aider. Comme l'adage le dit, « l'union fait la force » et nul parmi nous n'est aussi intelligent, fort, que nous tous réunis, merci beaucoup chers amis. Mes gratitudes vont également à Paule-Camille Yoli, à Ericka Bastart Aevoueli Kouassi et Trendy Edition, à Lucie Camara, à Jordan Assamoi et à Janice Touré pour leur aide financière, nécessaire à la production du livre. Merci à Marlene Kouadio et à Ketty Amoin Yeboué qui ont supporté l'idée de cet ouvrage depuis 2010. Et enfin, merci à Carine Trazié, Jessica Namoin Yao, et Madame Diomandé, qui ont pris de leur temps pour lire, corriger et critiquer Jeunes Discours.

A Georgina Siaba, Présidente et CEO de The N'Takou, merci pour ta confiance aveugle et ta détermination à vouloir nous accompagner dans ce projet qu'est ''Jeunes Discours'', grand merci à toi.

Zalica Diarra

INTRODUCTION

Je me prénomme Zalica, j'ai 25 ans, et je viens de la Côte d'Ivoire. Je viens d'un pays où, l'accès à des soins de première nécessité dans les hôpitaux publics est un luxe, où la santé de la population n'est pas une priorité. Je viens d'un pays où les taux de réussite pourtant très faibles aux examens ne semblent inquiéter personne, où une majeur partie de la population est analphabète, où malgré l'éducation devenue obligatoire pour tout enfant jusqu'à l'âge de 16 ans selon la récente loi, les microbes sévissent. Je viens d'un pays où, ces « microbes », jeunes délinquants âgés de sept à dix-huit ans s'en prennent aux innocentes populations qu'ils attaquent, pillent, effraient et tuent… impunément. Je viens d'un pays où la sécurité est précaire, les populations ne vivent pas mais survivent, attendant les prochaines « tendances » la peur au ventre… Je viens d'un pays où sur les routes, tout se joue entre chauffeurs, chauffards, « coupeurs de route », policiers, FRCI et microbes… Qui sera le plus chanceux ?

Je viens d'un pays qui se veut pourtant émergent en 2020.

Nos politiciens s'essayent à la tâche, mais trop de problèmes pour peu de solutions proposées. Alors me vint l'idée de donner la parole aux jeunes. "Jeunes Discours" est un livre qui recueille différents écrits sur le développement social, économique, et politique de la Côte d'Ivoire. Ecrits rédigés par des jeunes Ivoiriens de tout bord politique, de toute classe sociale. Ces écrits peuvent être qualifiés de "politique de salon", ou selon le langage Ivoirien, de "jeunes discours", discours sans aucune importance, discours sans aucune réelle valeur. J'espère néanmoins qu'après lecture de cet ouvrage, mes frères et sœurs, jeunes Ivoiriens, avenir du pays, se verront eux aussi animés par ce même désir pressant qui m'habite, ce souci d'être trouvé prêt à assurer la relève de nos leaders d'aujourd'hui.

Qu'il nous soit donnés donc non seulement le discernement et la sagesse afin d'éviter de commettre les mêmes erreurs que nous observons actuellement, mais aussi les moyens, et la force nécessaire, basés sur de fermes convictions, pour nous ramener notre Côte d'Ivoire d'antan.

Oui je me prénomme Zalica, j'ai 25 ans et je viens de la Côte d'Ivoire. Je viens d'un pays qui m'a tout donné, des plus doux souvenirs aux plus grandes tristesses. Alors, veuillez s'il vous plait donc nous recevoir mes amis et moi, dans cette nouvelle aventure qu'est ''Jeunes Discours'', qui n'est que le début d'une longue histoire entre la Jeunesse Ivoirienne, et son pays.

Zalica Diarra

PROLOGUE

Nous, jeunes de Côte d'Ivoire, dans le souci de former une union, un ensemble parfait, d'établir une justice vraie, d'établir et de faire régner à tout jamais la paix à l'intérieur de nos frontières, de donner à nos populations le bien-être général et de leur assurer les bienfaits de la liberté ainsi qu'à nous-mêmes et à notre postérité, écrivons ce qui suit pour notre Nation, la Côte d'Ivoire.

Serions-nous encore en retard ? Le XXe siècle s'est encore fini sans nous, de la colonie à une indépendance organisée, la naissance non pas d'un pays mais d'un Etat. À cette heure où certains ont franchi la dernière étape du siècle passé, l'Etat-Nation, et amorcent leur difficile montée vers l'évolution, vers ce futur qui nous aussi nous réclame. La mondialisation, voici et voilà le futur. Hier, il fallait émietter le monde, aujourd'hui il faut le rassembler. Il n'est pas utile de demander comment, la technologie le fera. En réalité, il s'agit de rassembler des nations, des Etats-Nations tout d'abord. Or à notre niveau, nous ne faisons que débuter le processus idéologique de cette nouvelle civilisation mondiale. Un lot d'étapes à parcourir, tout un « package ». La vie a toujours des étapes, les brûler même consiste en une étape. On veut à tous prix être en compétition, c'est bien, alors on brûle les étapes en espérant que tout ira mieux, que l'on rattrapera le peloton, sur la côte, là où le maillot jaune ne compte plus, où il faudra celui au blanc d'ivoire criblé de rouges pois... Je nous le concède, nous avons les cuisses et les mollets du miracle. Et si le temps était venu de troquer cet improbable essai-miracle contre une réforme profonde des composantes de notre société ivoirienne? Réformer pour mieux avancer, pour être plus solide, plus compétitif et productif, non pas sous un seul quinquennat mais sous deux cent. Réformiste-Progressiste, d'un peu pour ce qui est du premier, mais très loin des idées d'un Bernstein ou d'un Jean Jaurès. Réformiste-Progressiste, oui et alors ? Car ne voyez-vous pas ce qui est déjà là ? Ne sentez-vous pas cet air frais ? N'entendez-vous pas le peuple ? Cette aspiration d'union, de changement, que porte notre jeunesse? Humez-vous ce frais parfum ? Oui cet effluve, qui de par cette bourrasque présente se propage à son rythme faisant frissonner la pyramide des âges, et de la stratification, de son pic à sa base… Pas un ne veut être laissé pour compte désormais. Tous aspirent à une nouvelle Côte d'Ivoire, à une nouvelle mentalité, une nouvelle façon de voir, de se réaliser et d'accomplir les choses tous ensemble, chacun dans son domaine pour le seul compte de la Côte d'Ivoire, au nom d'une nation, enfin d'un Etat-Nation. Non détrompez-vous, ceci n'est pas un réquisitoire à la révolution, mais le réquisitoire pour une évolution généralisée. Une génération se meurt, une autre est déjà née. Peut-être trop tôt, ou peut-être juste à temps d'ailleurs. Cette nouvelle génération c'est nous, nous sommes le pont vers l'autre rive, vers une nouvelle Côte d'Ivoire. Une Côte d'Ivoire plus unie que jamais, une Côte d'Ivoire juste, en paix avec elle-même, une Côte d'Ivoire développée, avec des Ivoiriens au sein d'une société libre, une société qui leur ressemble. Il n'y aura plus de prédiction divinatoire, il n'y aura qu'une génération éveillée et volontaire qui a compris son rôle, le rôle qu'elle a à jouer pour l'avenir de sa Nation. Faire de la Côte d'Ivoire une Nation forte et contribuer à son rayonnement, à son positionnement sur l'échiquier mondial de façon pérenne. Voici notre rôle, notre rêve le plus profond.

Les petits ont besoin de plus, ils ont besoin d'une aide considérable. Ceci n'est pas de la charité. Il faut correctement huiler la mécanique, la quantité et la qualité de sa production en dépendent. Soyons convaincus que si les petits évoluent, par la chaine, le triple sera en bénéfice à ceux qui sont déjà grands.

Pour finir, que le juste soit acquitté et que celui qui doit être châtié, le soit selon les règles en vigueur. A quoi sert l'impunité dans une société ? Elle ne sert qu'à enfanter une génération de hors la loi.

Vive la science ! vive la technologie ! vive le progrès !
Vive notre Côte d'Ivoire !

Au plus obscur des abîmes de mon être, là où la science ne peut amerrir, se trouve cet amour qui fait de moi un homme fier, cet amour, cette passion pour ma Côte d'Ivoire. Nul être humain n'est supérieur à un autre. Nulle ethnie n'est supérieure à une autre. Nous avons une seule et même Côte d'Ivoire, et non pas une du Nord, du Sud, du centre, de l'Est ou de l'Ouest. La réconciliation, c'est au commencement une volonté. La Côte d'Ivoire se doit de gagner ses combats de par la jonction cumulative de tous nos efforts.

« LOI N° 61- 416 DU 14 DECEMBRE 1961 PORTANT CODE DE LA NATIONALITE IVOIRIENNE

Titre II - De L'attribution De La Nationalité Ivoirienne À Titre De Nationalité D'origine
Art. 6. nouveau (Loi du 21/12/72)

Est ivoirien :

1- L'enfant légitime ou légitimé, né en Côte d'Ivoire, sauf si

   ses deux parents sont étrangers; »

… Alors que l'acceptation de la diversité culturelle a fait des miracles dans certaines régions du monde. Ouvrons une nouvelle porte.

... De plus en plus, on observe la montée d'un « nouveau groupe identitaire » ivoirien, grâce aux réseaux sociaux. Les presque oubliés du cèdre. Les chouchous de l'éléphant, un amour mi-figue mi-raisin. Car, où vivre, où se sentir bien, lorsque l'on est plus étranger où l'on est? Même s'il parait que certains maltraitent leurs désormais « compatriotes de souches ». De façon précise, je parle de ceux qui au vu de leur épiderme, ont un besoin significatif de s'affirmer comme ivoirien. À ce sujet, ils revendiquent par le « nouchi » leur "ivoirité", et ne manquent aucune occasion pour tonner à l'individuel: « *Moi là ! Je suis ivoirien hein mon frère, je suis un petit de Treich'* ». Effectivement, ils sont nés ici, nous avons grandi ensemble, ils ont passé toute leur vie ici. Peut-être un peu plus que certains d'entre nous d'ailleurs…
Le hic ! Ils sont nés de parents "étrangers" comme l'indique la loi.

Est-ce là une nouvelle identité ivoirienne à prendre en compte pour l'avenir?
Une frustration à venir ? (encore une fois ?)
Ou bof, allez ! On s'en fout, la vie continue?

Ma Côte d'Ivoire, je t'écris tout ceci en me demandant si cela pose débat?
Ou est à poser comme débat... C'est avant-gardiste ou non d'ailleurs, je l'avoue.
J'ai entendu dire que ce n'est pas parce qu'il ne pleut pas aujourd'hui, qu'il ne pleuvra pas demain.
J'ai entendu dire qu'il vaut toujours mieux prévenir que guérir.

"Je crois que l'avenir de l'humanité est dans le progrès de la raison par la science."

Emile Zola - 1840-1902 - _Le Docteur Pascal - 1893_

Arnaud Blé-Debuc
BUILDERS OF TOMORROW GROUP & Team Abidjan - CIV BUSINESS TIMES.

« Pour un pays qui se veut émergent, il faut une jeunesse qui prenne conscience de l'importance de son rôle, une jeunesse qui sache qu'elle se doit d'apporter sa pierre à la construction de ce pays. Laissons la politique aux politiciens et rassemblons-nous autour de projets porteurs d'avenir, donnons-nous les moyens de pouvoir réaliser nos rêves, développons nos régions, notre pays. »

Ahmed Soro.
C.E.O of Ethnic Home

À NOTRE COTE D'IVOIRE...

À ma jeunesse d'aujourd'hui et de demain.
À ma jeunesse entreprenante,
à mon Ivoirienne d'hier, d'aujourd'hui et de demain,
à son amour de toujours pour l'entreprenariat, à Sophie
Zadou.

A.B-D

DISCOURS À UNE JEUNESSE IVOIRIENNE

À mes chers ami(e)s

*Mes chers ami(e)s, mes chers frères et sœurs, nous, la
jeunesse de Côte d'Ivoire, nous avons la vie devant nous.
Nous avons la vie devant nous et c'est à nous de l'orienter.
C'est à nous de décider de ce qui est au bénéfice de notre
jeunesse, ou pas.
Ne laissons personne, ne laissons jamais plus personne
s'accaparer de notre jeunesse et nous en dicter la marche.
Ne laissons plus personne écrire notre histoire à notre place,
car voici la perpétuelle problématique d'une jeunesse, vivre,
ou subir son histoire.*

Vous le savez aussi bien que moi, il y a de ces circonstances de la vie, de l'histoire d'une vie, qui du jour au lendemain, transformeront trop tôt souvent un enfant en adulte, et notre jeunesse en sacrifiée. Certes, cela fait partie des choses de la vie, mais raisons de plus pour rester debout, et présent, quelque soit la terrible force de ces circonstances sur nos vies. Et d'ailleurs, comme à son habitude au regard de l'histoire, dans notre cas, sans crier gare elles ont violemment frappé l'existence déjà mal en point de notre jeunesse, lui faisant miroiter un avenir sans avenir. Ces circonstances de la vie ont fait de nombreuses victimes parmi notre génération, parmi nos rangs.

Elles ont semé le doute dans certains esprits. C'est ainsi que ces derniers, selon leur désormais paradigme, vouent notre avenir, le futur, notre futur africain, mais surtout et avant tout, notre futur Ivoirien à l'incertain positif et au certain du plus négatif. Cette fameuse positive négativité diagnostiquée chez quelques-uns d'entre nous, ce nuage d'espoir d'un négativisme assuré, que souvent nous ne pouvons blâmer ; tant notre trouble et violente histoire ne se mêle à confusion sur certains faits.

Seulement, à ma génération, à cette génération toute entière, je dis prends courage ! Comme le roseau, plies mais ne romps point, de toi sortira le triomphe d'une nation toute entière pour aujourd'hui, demain et après-demain. Car en nous, existe un leader, un docteur, un Steve jobs, une artiste, un juge, une avocate, un policier, un architecte, un maçon, un Aliko Dangote, une femme pompière, un commerçant, une économiste, un banquier, un autre Didier Drogba ou une Chimamanda Ngozi Adichie, une Evelyne Tall ou encore une madame Coffie-Studer… En nous, existe déjà notre lendemain. Notre devoir en le sachant, c'est de ne jamais abandonner. Regardez autour de vous, regardons ailleurs. Voyez-vous le monde ? Tout est-il catastrophe dans ce monde ? Avons-nous donc le droit de perdre espoir ? Non, car il y a de ces générations dans ce monde qui n'ont plus rien à envier du passé, ou encore d'un futur proche, lointain. Un futur convié aux désirs les plus profonds de notre imaginaire à nous.

En effet, ces générations sont aujourd'hui les bénéficiaires de la *lutte* passée de leurs aînés. Elles détiennent et jouissent aujourd'hui d'un rêve accompli, ce rêve d'une pincée, puis d'une multitude d'individus devenu réalité. Le rêve de personnes jadis concernées par leur avenir, et aujourd'hui invitées au rendez-vous de l'histoire, mentionnant ainsi leurs actions passées en faveur de l'avenir.
Ce sont ainsi des générations d'individus, ces héritiers, qui n'ont plus le souci de la paix sociale comme exemple, cette

paix sociale devenu un acquis non rétroactif protégé par l'individu, et pour l'individu. Cette paix sociale, l'ingrédient premier de tout développement visé. Au regard de tout ceci, nous devons donc choisir. Nous devons choisir entre le défaitisme et la conviction d'un lendemain meilleur. Mais le choix est tout fait. Nous ne pouvons-nous laisser vaincre par le désespoir, nous ne pouvons tuer nos ambitions, nous avons le devoir de refuser la défaite, car nous avons un avenir glorieux et celui-ci commence dès maintenant. Si d'autres ont pu réaliser l'invraisemblable et l'impossible sur cette terre des hommes, alors nous le pouvons aussi, et nous pouvons encore plus.

Nul humain n'est inférieur à l'autre, il n'y a que des individus qui se complaisent dans le sacre de leur infériorité.

Vous le savez, nous connaissons notre histoire, nous savons que la génération qui a fait de la Côte d'Ivoire un pays libre et conquérant, s'est battue avec intelligence pour réaliser ses rêves. Aujourd'hui, à notre tour, nous sommes les héritiers de cette génération d'Ivoiriens, cette génération d'ambitieux et de gagnants. Voici notre héritage à tous, être des conquérants. Serait-ce alors trop nous demander, que de réaliser nos rêves les plus grands ? 28 août 1963, il scandait haut et fort devant une foule immense « I have a dream », dites-lui de là-haut, qu'il ne croyait pas si bien dire. Car désormais, nous, nous en avons tous un, voire plusieurs de son ampleur : « **We have a dream** ». Et en ce jour où je vous écris, j'aimerais vous dire que nous ne sommes ici qu'au commencement d'une nouvelle ère. L'époque où nous n'étions que des outils est dépassée, l'époque où nous n'étions pas écoutés, où nous n'avions aucune voix est révolue.

Comprenons que le changement d'une société n'est pas de l'accord du dominant sur le dominé, mais de la prise de décision du dominé d'être le détenteur exclusif de son avenir. Hier nous étions trois, puis dix, puis cinquante-cinq. Depuis dix heures de ce soir nous avons atteint le double de jeunes. Des jeunes de tout horizon, comme toi, comme moi qui relaient le message à leurs amis à leurs proches, de jeunes en jeunes avec ce « Jeunes Discours », de quartier en quartier, de pays en pays. Nous la jeunesse de Côte d'Ivoire, nous délions nos langues et nous nous enrôlons chacun selon nos secteurs d'activité dans l'édification nouvelle de notre mère patrie.

Partout à travers le monde, à travers les époques, la jeunesse a toujours pris à bras le corps la question de son avenir. Elle a décidé de changer les choses, ou de participer au changement et à l'amélioration de ces choses.
Nous, nous devons participer à l'amélioration de notre pays et à tous les niveaux, en sortant tout d'abord de notre mentalité clanique, quelque peu tribale et politiquement ethnicisée pour certains. De façon plus précise à ce sujet, et en ce qui me concerne, j'ai de nombreuses réserves sur la « parenté à plaisanterie », car socialement dangereuses désormais. Désigner par plaisanterie un groupe ethnique comme esclave ou un autre comme étant supérieur à la majorité, voici bien là, la meilleure façon de ne pas enterrer la hache des malentendus conflictuels et des spécialistes en déstabilisation territoriale,

dans une Côte d'Ivoire qui a frôlé le pire. Plus nous respecterons l'incompréhension de certains, face à certains sujets, mieux nous comprendrons la nôtre face à d'autres situations, et cela concourra au respect de l'autre. Nous devons rompre avec l'ancien ivoirien. Parait-il qu'il nous faut devenir un « ivoirien nouveau ». Je ne suis pas contre d'ailleurs. Car de vous à moi, à quoi sert-il d'être un ivoirien violent ? Inhumain ? À quoi sert-il d'être un ivoirien qui prime son groupe ethnique au détriment de la Nation ? À quoi sert-il d'être un ivoirien indiscipliné ? Regardez le type de comportement que l'on a sur les routes de Côte d'Ivoire ! Incroyable. À quoi nous sert-il d'être des ivoiriens désorganisés? Peu volontaire à la salubrité ? Je m'en souviens encore, elle avait résumé sa pensée avec le terme « macabre ». De nos jours, même la religion sert de vitres teintées à tous ceux qui veulent mener une double vie. Où sont nos mœurs ? Une déconstruction morale au stade final. Et pourtant nous sommes libres ! Ne devenons pas esclave de l'inutile, délions nos langues et exprimons nos désirs, nos rêves de changement. S'exprimer, c'est aussi défendre ses intérêts, en défendant ses intérêts, l'on gagne des batailles utiles à la majorité, cela participe à éviter la descente de tout un peuple au sous-sol de la morale. Réveillons-nous ! Car à quoi tout ceci nous a-t-il servi? Il suffit de regarder les années passées pour comprendre que cultiver cette façon de voir les choses ne nous a jamais positivement desservis. Il ne s'agit ici de juger, qui serais-je pour tant d'arrogance d'ailleurs? Moi, qui ne suis rien d'autre qu'un jeune ivoirien comme vous tous. Mais je pense qu'il est temps pour nous d'être de nouveaux individus, non pas dans le but de plaire à qui que ce soit, mais pour l'édification d'une nouvelle Côte d'Ivoire. Nous nous devons désormais de penser « One Nation», tout en demeurant libre de nos choix les plus intimes. Faisons un bilan concret du passé et posons-nous les bonnes questions. Avons-nous trop mis en avant la religion ? Avons-nous abandonné la politique à certaines mains ? Avons-nous répudié la valeur humaine ? Avons-nous sacrifié nos mœurs ? Qu'en est-il de la valeur de la science ? De la valeur de la créativité des individus ? Avons-nous innové dans un secteur ? Et l'on pourrait se poser dix mille questions de la sorte. Et tout ceci c'est à la jeunesse d'y répondre et d'y proposer des solutions. Il nous faut évoluer.

J'aimerais nous rappeler l'exemple de nos éléphants et dire qu'avant que tout rêve ne se réalise, il n'y a rien d'autre que le travail et la volonté de réussir, de gagner, qui au soir de la finale de notre vie, nous décernent la gloire. Cette volonté doit être indéfectible, sans se décourager l'on doit continuer, persévérer, sans laisser le doute prendre le contrôle de la situation, c'est bien cette nouvelle façon de voir les choses, se soutenir tous ensemble pour gagner, c'est bien aussi cela, nous l'avons vu à leur façon de jouer sur le terrain, jusqu'aux tirs au but, cette volonté de gagner qui leur a permis de nous offrir cette belle Coupe d'Afrique 2015. Soyons de fiers éléphants.

À ces heures, nous rêvons de démocratie, de paix, de technologies adaptées à nos villes comme dans certains pays, nous rêvons encore et encore de paix, de systèmes sociaux efficaces, nous rêvons d'éducation, nous rêvons d'emplois pour une jeunesse désespérée et traitée comme du bétail, il suffit de regarder l'organisation du dernier salon des jeunes 2015, oui nous rêvons d'un meilleur système emploi, nous rêvons de retraites qui endossent réellement le coût de la vie, nous rêvons d'un pays à l'aube du futur, nous rêvons d'un pays présent et compétitif, sur cet interminable marathon international, tout simplement. Nous rêvons d'un pays qui dispute la première place mondiale face aux autres nations. Nous rêvons d'un pays qui nous met personnellement en valeur lorsque l'on voyage. Nous voulons que tous courbent l'échine lorsque l'on dépose le vert passeport à l'éléphant. Seulement, nous hésitons à franchir le pas, alors que pour atteindre nos désirs les plus profonds, nos rêves ci-dessus décrits, nos rêves de réussite, il faut un sacrifice. Il nous faut sacrifier ces anciennes mentalités qui jusqu'à présent, ne nous ont donné aucun argument poignant pour que l'on nous respecte où que ce soit. Et nous, en tant que jeunes, ces mentalités ne nous ont jamais permis d'avoir de forts arguments, afin que l'on réhabilite et rééquipe correctement par exemple, notre seule Université d'Abidjan. J'aime à dire qu'une jeunesse sans arguments, c'est un peu comme un avocat sans arguments.

Vous devez le savoir, il nous faut sacrifier sur l'autel du

renouveau cette désuète façon de voir les choses, comme par exemple le fait que ventiler nuitamment de la monnaie en public soit un gage de réussite. Je pense que l'un des meilleurs gage de réussite c'est l'entrée de jeunes ivoiriens fortunés dans des capitaux internes, ou encore, c'est investir dans de jeunes start-up afin de soutenir d'autres jeunes, investissement *Youth to youth* ou tout simplement encore, c'est investir encore un peu plus dans tous les secteurs possibles, et surtout dans l'industriel. Nous pouvons changer les choses, tous ensemble. De plus, il y a aussi ce phénomène qui nous a rendus tristement célèbres à travers le monde, sans vous indexer de manière désobligeante mes ami(e)s, j'aimerais ici le souligner, car à force de « brouter » sur le « world wide web », ou tout ce qui concerne les transferts d'argent, sans faire attention, notre jeunesse ivoirienne s'est rendue complice de la dévalorisation de sa propre image. Oui je vous comprends, peut-être un peu trop bien d'ailleurs, grâce au drame social affiché par le salon de l'emploi jeune 2015, nous avons un indécent besoin de travail, de revenu... seulement, toute cette intelligence utilisée pour survivre, se met au service de ce qui ne pouvait que nous desservir un matin, un matin comme aujourd'hui où notre jeunesse se retrouve à être une dangereuse cybercriminelle surveillée et traquée de partout. N'est-il pas venu le temps de nous redonner une très bonne moyenne ? N'attendons pas avec toute cette intelligence, une quelconque aide de l'Etat, utilisons la, non plus pour survivre mais désormais pour vivre, et vivre selon les règles de la société ivoirienne et internationale. Il y a ce mot que l'on chante à tue-tête un peu partout à travers le monde : « l'entreprenariat ». Oseriez-vous me dire qu'avec toute cette intelligence, vous n'avez pas une idée d'entreprise gagnante à monter ? Je ne vous croirais jamais ! J'ai un petit exemple : **TaxiJet**, allez-y jeter un coup d'œil, ils se trouvent bien évidemment sur les réseaux sociaux ! Le taxi 2.0, n'avions-nous pas besoin de sécurité au niveau des transports en commun ? C'est un exemple concret de ce que nous jeunes pouvons faire. Rassurer, et faire faire un pas de plus à notre société, grâce à la technologie. Sachez qu'il est grand temps que notre jeunesse reprenne le dessus mes chers amis(es). Nous avons, vous avez l'intelligence des grands, celle qui permet d'aller à la conquête du monde et de l'univers tout entier au nom de la Côte d'Ivoire. Nombreux aujourd'hui sont ces jeunes ivoiriens qui ont compris notre force et qui entreprennent positivement. Rejoignons tous les rangs de l'implication sociale et de l'innovation utile, que ce soit au niveau de l'art, de la politique, de l'éducation, des technologies nouvelles, de la santé, du culinaire, des finances, de la mécanique etc.

Ne nous sous-estimons pas. Je crois en nous, nous pouvons changer, et améliorer notre société de fond en comble.

Vive notre jeunesse !

Le prix d'un futur en or c'est celui d'une jeunesse formée et écoutée.

Le prix d'un futur en or c'est celui d'une jeunesse active, une jeunesse volontaire, consciente et entreprenante.

Une jeunesse à qui l'on se remet non pas pour faire la guerre, mais pour investir, créer et innover. Être jeune, c'est aussi le droit d'exercer avec liberté sa jeunesse.

Voici l'avènement d'une nouvelle ère, l'avènement d'une jeunesse non embrigadée! D'une jeunesse Libre ! Pensante ! Une jeunesse de progrès ! Une jeunesse de renaissance pleine d'idées !

Voici venue l'ère d'une jeunesse unie, forte, d'une jeunesse concernée par son avenir, d'une jeunesse ivoirienne nouvelle et réconciliée.

Ces mots définissent
la pensée profonde qui m'habite, comme conviction
pour un lendemain meilleur.

Arnaud Blé-Debuc,
''Discours à une jeunesse Ivoirienne'', JEUNES DISCOURS,

Discours inaugural : À mes chers ami(e)s. 2015.

« Les progrès de la civilisation n'exposent pas seulement les hommes à beaucoup de misères nouvelles, ils portent encore la société à soulager des misères auxquelles, dans un état à demi policé, on ne songerait pas. »

Alexis de Tocqueville, Mémoire sur le paupérisme (1835)

QUESTIONS DISCUTABLES ET PROPOSITIONS INDECENTES

1. Tous les maires, et députés devraient habiter dans les communes ou villes qu'ils représentent, partager le quotidien de ceux qui les ont élus, utiliser les mêmes routes, fréquenter les mêmes marchés, supermarchés etc… Si le maire d'Abobo par exemple habitait la commune d'Abobo, Abobo aujourd'hui serait différent.

2. Dans un pays comme la Côte d'Ivoire qui vient de sortir d'une si longue crise politique, économique et sociale, les premières lois que passe le parlement sont en rapport avec le rôle de la femme dans le foyer… Puis l'on nous proposa une autre loi sur l'utilisation des produits d'éclaircissement corporel. Mais, à quand donc les lois sur la non caporalisation de la télévision nationale par un pouvoir, ou parti politique quel qu'il soit ? Vivement la pleine effectivité de la libéralisation du secteur audiovisuel.
À quand les lois liées à la sécurité de nos parents, amis frères et sœurs dans les Taxis, « Gbaka » et autres moyens de transport ? À quand les lois liées à une prise en charge réelle de nos parents dans les CHU ? À quand donc… ?

3. Pourquoi le Président se met au-devant des constructions routières ou ponts, jusqu'à en faire des panneaux publicitaires? Que font nos ministres de la construction, des infrastructures, que font nos maires ?

4. Il nous faudrait peut-être pour une politique plus transparente, définir clairement les fonctions des différents

postes d'Etat, et publiques, afin que les nominations de personnes à ces postes soient justifiées. Engager une description publique des différentes fonctions, la fonction de maire par exemple, afin qu'il y ait une séparation des rôles à tous les niveaux.

5. Il nous faudrait peut-être un Sénat. Ou sinon, un ''jury d'audition'' composé d'un nombre pair de personnes capables (environ 10), jeunes, vieilles, femmes, hommes, professeurs, médecins, fonctionnaires, planteurs, juges etc. qui sera formé après chaque élection présidentielle. Ce groupe de personnes devra réviser chaque nomination, en se basant sur les chartes de descriptions des métiers et la connaissance du secteur par le concerné. Le jury aura le pouvoir d'accepter ou de refuser les nominations gouvernementales post-élection (formation du gouvernement) en donnant des raisons/verdicts publiques. (auditions et verdicts télédiffusé)

6. Il faudra messieurs et mesdames nos députés, un nombre FIXE de postes ministériels. Si le Président dans sa tâche a besoin de plus d'aide ou de remercier certains camarades, il pourra les embaucher dans son cabinet. Nous avons besoin d'un bon nombre de ministères fixe et inchangeable. Par exemple le gouvernement peut être formé du Président, du premier ministre et de 19 autres ministres. Le cabinet de chaque ministère comportera peut être entre cinq à dix postes (secrétaire, délégués, conseillers) fixes.

7. J'y pensais, et si l'on supprimait mesdames et messieurs les députés la super puissance du Président de la

république. Un président n'est pas un Roi, il ne fait que présider, soit gérer un Etat par procuration du peuple. Il est désigné à titre d'organisation collective, car tous ne peuvent être Président.

Ceci permettra de participer à la réduction, voir à la suppression de l'accaparation des biens publics, du clientélisme d'état courant, de décisions audacieuses concernant la vie d'autrui, et de toutes sortes de déviations à but personnel, familiale ou amical (gros marché public etc.). Tous peuvent être fautifs, semble-t-il que la chair est faible.

8. J'y pensais, et si nous réécrivions tous ensemble notre constitution? Une constitution à notre image. Une Constitution simple et claire afin d'éviter toutes tentatives de tripatouillage juridique d'experts qui feront valoir leur malhonnêteté intellectuelle, à des fins politiques. La constitution d'un pays ne doit ni être un mystère, ni un Code indéchiffrable. La constitution d'un pays, c'est la voix de tout un peuple, sa voie directrice, elle est sacrée. C'est elle qui guide une nation au fil des temps.

9. J'y pensais, et si chaque 50 ans par décision référendaire, la constitution se voyait réexaminée, afin de prévenir toute nouvelle inadéquation en cas de changements sociaux majeurs (immigration, catastrophes etc.).

10. J'y pensais, et si l'on éduquait à la démocratie et au jeu politique notre jeunesse dès le lycée? Inculquer la normalisation du statut de gagnant et de perdant. Savoir que perdre (en politique) n'est pas une humiliation, mais l'expression d'un processus préparatif et final quelque part

défaillant (qui n'a pas plu aux électeurs) et qu'il faut redoubler d'effort pour la prochaine fois.

Des heures et des heures de philosophie sont distillées dans certains programmes au lycée dès la classe de seconde. Il faut introduire notre jeunesse à la pensée politique. En classe supérieure, une introduction à la gestion et au fonctionnement d'un Etat peut être administrée, afin de normaliser le processus de vie en société administrative dans l'esprit des jeunes.

11. J'y pensais, et si nous donnions la possibilité aux élèves d'étudier dans le domaine de leurs choix dès la classe de 3ème ? Permettre une formation par passion et non par obligation. Permettre l'épanouissement total d'une jeunesse pleine de talents et de capacités. Afin d'éviter de les encloitrer dans un sujet trop ennuyant, leur faisant perdre le goût de la vie et du succès. Former des individus qui excellent dans leurs domaines. On vente la pluralité des connaissances, mais combien d'entre nous n'useront jamais de leurs leçons de sciences naturelles en plein milieu d'une transaction de coton sur les marchés intéressés, ou encore de leurs leçons de physique, en pleine répartition des biens d'une famille, pour ne citer que cela. Il nous faut réécrire notre système éducatif, et le recentrer sur notre vision de demain, ainsi que sur nos besoins réels.

12. J'y pensais, et si nous révisions les étapes de dépôt de candidature à l'élection présidentielle? Et si l'on fixait en agrément de leur dossier, un certain niveau d'étude pour les candidats à l'élection présidentielle ? Et si on leur demandait d'avoir une certaine expérience dans la gestion

administrative de l'Etat (Mairie, assemblée Nationale, assistant de…, secrétaire générale) ou un poste de direction au sein d'entreprise publique comme privée, afin d'admettre un certain type de candidat devant les électeurs et ensuite à la tête de l'Etat de Côte d'Ivoire, dans le souci d'une bonne gestion de l'Etat et du rehaussement de la considération de la fonction du Président de la République.

13. J'y pensais, et si l'on créait un « Pack entrepreneur jeune », pour TOUS et spécifiquement pour les projets innovateurs et porteur de fruits ? 18-25 ans, avec des taxes et impôts spécifiques au pack et bien en dessous des normes générales actuelles, des investissements adéquats et un mentor dédié d'office. Plus tôt on s'en occupe, moins âgés seront-ils sans travail ?

14. Le Président devra passer, à la deuxième année de son mandat, devant une sorte de congrès afin de donner son bilan à mi-parcours et répondre de certains faits, afin que le peuple suive l'évolution de son travail. Ceci se fera de façon publique et sera obligatoirement relayé par les médias et en direct.

15. Le Président de la république, aura en charge, le suivi du programme de la nation et non plus de son propre programme. Dans un pays où certains problèmes subsistent encore, il n'est pas nécessaire, alors que rien n'a vraiment changé, voire évolué, que des candidats se présentent tous les cinq (5) ans avec de nouveaux points. Surtout que le plus souvent, certains, de façon politique sont prêts à tuer le travail accompli de l'ancien Président afin de faire prévaloir le leur. Désormais, le peuple établira un

programme concret de développement par le biais de la société civile et l'imposera à tout candidat. En outre, ce qui sera permis à chaque candidat, c'est de présenter des améliorations sur certains points. Il lui sera aussi permis d'innover dans quelques secteurs à hauteur de 10 transformations majeures et innovantes. Ce seront ces points d'options, qui feront certainement la différence entre les candidats lors des élections. La durée d'un mandat sera toujours de cinq (5) ans, et les élus de la chambre supérieure siègeront toujours un an de plus afin d'être les garants de la continuité.

16. **Pour le prochain volume :**

Nous y pensons... et si l'on réorganisait le milieu des transports en commun ? « Gbaka », taxis, taxis communaux etc. Et si l'on interdisait l'usage de véhicules de moins de quinze (15) ans pour les transports en commun ? Et Le travail chez les jeunes à partir de 16 ans ? Et l'implication sociale et la culture du travail, ainsi que du bénévolat dans notre société ? Et si la vente des boissons alcoolisées était interdite aux moins de 21 ans ? Et l'entrée en boite interdite aux moins de 18 ans ? Et si l'on faisait de l'école non plus un système de formation de personnes prêtes à l'emploi, mais plutôt d'un système transformant la majorité des individus en entreprise innovante, auto-emploi ? Concernant l'emploi des jeunes (25% de chômage chez les moins de 35 ans), nous y pensons et si... et si nous pouvions exploiter à l'interne, chaque quartier d'Abidjan pour réduire le taux de chômage ?

Nous y pensons, et si...

Et de mille idées encore que nous avons, mais d'une des plus actuelles, sous le sceau de l'éternité, celle-là, celle qui prône la réconciliation de tout un peuple.

Oui, nous y pensions et si nous votions pour l'union, pour l'union de tout un peuple, pour l'union de notre si chère et belle Côte d'Ivoire.

Zalica Diarra et Arnaud Blé-Debuc

UNE AUTRE PROPOSITION INDECENTE : LE BENEVOLAT

Pourquoi le politicien Africain attend d'être au pouvoir avant de démontrer tout l'intérêt et l'amour qu'il porte à son peuple ? Le volontariat qui encourage les responsabilités civiques, devrait être une obligation pour tout politicien. Le temps ayant plus de valeur que de l'argent, le volontariat ne devrait alors être un obstacle, mais plutôt un devoir civique pour le politicien sérieux. Ce dernier, même sans argent peut se rapprocher de son peuple et aider les populations de différentes manières possibles : Etre volontaire dans un C.H.U de la place en aidant à l'accueil, être aux petits soins des malades jusqu'à ce qu'ils soient reçus par le médecin. Sacrifier pendant 3 mois, 6 mois ou un an leurs samedis matins ou dimanches après-midis à travailler dans un orphelinat choisi. La politicienne peut passer des heures, des journées entières dans différents marchés de la place, aider les commerçantes dans leurs tâches, se familiariser avec leurs problèmes quotidiens. Ces politiciens/médecins peuvent donner des consultations gratuites pendant leurs jours de repos. Ces politiciens/Professeurs pourront donner des cours de rattrapage gratuits aux élèves, et ces politiciens déjà riches pourront offrir une bibliothèque, un centre de santé, un centre culturel ou un orphelinat à une ville ou commune choisie.

Le rôle du politicien nous l'avons déjà signifié est de s'occuper de son peuple, de s'assurer de son bien-être, une responsabilité guidée par l'amour qu'il a pour ce peuple. Chers jeunes, chers Ivoiriens, imposons à nos politiciens le service de bénévolat avant de les voter, choisissons des Présidents, Maires, et Députés, qui ont déjà démontré qu'ils peuvent être au service du peuple.

Pour aider à la transparence et à la facilité de toute activité bénévole, une structure nationale qui servira d'intermédiaire entre le récipiendaire et le donateur peut être mise en place. Les hôpitaux, les cliniques, les orphelinats, et même ces personnes désirant recevoir de l'aide de la part de volontaires s'enregistreront avec cette structure ; et nos politiciens, nos familles, nos jeunes, nos professeurs, nos docteurs, pourront choisir parmi les enregistrés ceux à qui ils aimeront apporter leur aide. Ce service qui sera gratuit pour les deux partis, sera soutenu par l'Etat et par la bienveillance de donateurs. Imposer la culture du bénévolat aux politiciens les mettra face aux réalités que vit le peuple et les aidera ainsi dans la définition de leurs programmes de gouvernance.

Zalica Diarra

ENTREPRENARIAT, SOLUTION AU CHOMAGE ?

J'ai l'habitude de dire que nous venons d'un continent où tout est possible. Un continent jeune, rempli d'énergie, mais malheureusement en manque d'opportunités de travail. En effet, en Afrique de l'ouest, précisément en Côte d'Ivoire où le taux de croissance est de 9%, 25% des moins de trente (30) ans est au chômage. Pour prendre l'exemple d'un pays voisin, le Bénin, où Mr Jaques Migon (avocat béninois) disait que 2700000 de jeunes sont au chômage, ce qui est absurde quand nous savons que la jeunesse constitue plus du tiers de la population. Alors est ce que l'entreprenariat est une solution au chômage en Côte d'Ivoire? Evidemment que oui, je dirais même que nous n'avons presque pas le choix. Pour pouvoir expliquer comment l'entreprenariat peut aider la jeunesse Africaine, nous allons d'abord expliquer pourquoi il est aussi difficile pour nous, certains Africains d'être entrepreneurs, puis proposer des solutions pour résoudre ce problème.

En effet, l'entreprenariat qui a toujours existé en Afrique contrairement à ce que beaucoup de gens pensent, se définit selon le dictionnaire du « business » comme étant la création d'une entreprise à partir d'une idée afin de générer des profits à caractère monétaire ou humanitaire. La raison pour laquelle ce concept n'est pas répandu chez les jeunes africains est tout simplement parce que la définition en elle-même est difficile à exécuter. Comment créer une entreprise à partir d'une simple idée sans les moyens financiers nécessaires pour y parvenir ?

Se tourner vers l'Etat ? Cet Etat qui n'a apparemment pas les moyens de le faire.

Une proposition de définition, qui je l'espère éclairera vos lanternes. Pour moi, l'entreprenariat, c'est offrir quelque chose de nouveau ou de meilleur au marché existant. Non je ne me répète pas, car tout se trouve au niveau de la syntaxe. La première définition met l'accent sur l'investissement dont nous avons besoin pour créer une entreprise. Investissement qui est très difficile à obtenir comme je l'ai mentionné plus haut. Dans la deuxième définition nous mettons l'accent sur l'esprit même de l'entreprenariat qui est de créer de la valeur avec un besoin imminent de créativité et d'innovation. L'investissement c'est important mais la création de valeur est nécessaire. Nombreux sont ces jeunes qui ont eu des financements et qui ont été obligés de fermer leur « business » juste après un an ou deux parce que la créativité et l'innovation n'étaient pas au rendez-vous. Une autre raison qui empêche les jeunes de devenir entrepreneurs est le manque d'éducation dans ce domaine. En effet, nous avons cette impression que nous jeunes Africains, ne savons que demander.

Nous demandons à l'occident de nous aider, nous demandons à l'état de nous aider, nous demandons du travail, nous demandons, nous demandons, et nous demandons. Cette culture nous empêche de prendre conscience que nous aussi avons quelque chose à offrir.

Dans un article sur internet, un journaliste qualifiait l'entreprenariat en Afrique de loterie, ce qui n'a aucun sens à mon humble avis.

Je vais vous dire ce qui est de la loterie.

Mr Jaques Migon, Avocat béninois nous dit que 23,000 dossiers ont été déposés au concours d'entrée de l'armée pour 1000 postes vacants, soit 0,23% de chance donc, là se trouve la loterie. Trouver du travail en Afrique c'est de la loterie. Par contre l'entreprenariat est loin d'être de la loterie et encore moins un effet de mode. Pour que nous Africains soyons de bons entrepreneurs, nous devons comprendre un bon nombre de choses.

Premièrement, nous devons arrêter de demander et commencer à offrir. Lorsque nous demandons du travail, ce que nous ignorons c'est que nous offrons nos services à une entreprise et il est important que nous soyons conscients de cela. Parce qu'en tant qu'entrepreneurs il n'y a pas vraiment de différence, nous ne faisons qu'offrir ce que nous avons soit à une entreprise, soit directement à la population sous forme de produit ou de service. La question que nous devons nous poser est de savoir: qu'est-ce que nous avons à offrir? Et ne répondons surtout pas : « un BTS ou une Licence ». Il y en a des milliers en Afrique et presque tous sont en manque d'emplois. Cependant, il y a bien des choses que l'on n'apprend pas à l'école; par exemple, la créativité, la responsabilité, le courage, le respect des valeurs, la détermination, et la culture du travail. Toutes ces choses font bel et bien partie des qualités dont un bon entrepreneur a besoin pour se différencier de la masse et ceci est valable pour tous ceux qui cherchent du travail.

Deuxièmement, il faut comprendre que notre système éducatif en lui-même ne nous permet pas d'être entrepreneur. En effet, comme je l'ai souligné un peu plus haut, les africains sont éduqués pour demander du travail et pour pallier ce problème l'état de Côte d'Ivoire a instauré l'entreprenariat à l'école. Pour ma part, l'initiative est bonne en tenant compte de l'intention; cependant, l'exécution la rend inutile. En effet, s'il y a quelque chose dont je suis sûr et certain c'est que l'on ne peut pas enseigner l'entreprenariat à l'école pour la simple raison que l'école nous dit ce que nous devons penser au lieu de nous montrer comment penser. C'est bien beau d'apprendre des leçons par cœur et de les réciter sur une feuille de devoir, mais combien sont ceux qui retiennent quelque chose de productif qu'ils ou elles peuvent appliquer dans leurs vies de tous les jours. Honnêtement, pensez-vous réellement qu'une personne qui a 20 sur 20 à un devoir d'histoire et géographie est plus intelligente qu'une autre personne qui a 10 sur 20? Soyons réalistes, l'école ne nous enseigne pas à être créatif, à voir la vie sous un autre angle, à être innovateur, et à exprimer nos propres opinions. En somme, à avoir ces qualités d'entrepreneur.

Finalement, il faut comprendre que notre objectif principal doit être d'avoir une carrière et non un travail. Avoir un travail signifie qu'on le fait rien que pour l'argent tandis que avoir une carrière signifie qu'on le fait parce que l'on aime le faire.

Être entrepreneur est une carrière et non un travail. C'est un style de vie. Malheureusement le manque d'opportunités en Afrique fait que l'on devient entrepreneur par nécessité et non par choix. Cela ne veut pas dire qu'on ne peut pas changer le cours des choses. C'est un processus mental. Il faut que l'Africain arrête de se dire qu'il veut être entrepreneur parce qu'il n'y a pas de boulot mais il faut plutôt dire que nous choisissons de devenir entrepreneur parce que nous le voulons vraiment.

Lorsque nous étions enfants, nous voulions tous être des super héros. Tout le monde voulait être le plus fort, tout le monde voulait gagner. C'est avec étonnement qu'aujourd'hui, l'on veut tous faire comme les autres, on veut porter les même vêtements, partir dans les mêmes écoles, travailler dans les mêmes institutions, en un mot on veut tous être moyens. Cela veut dire que l'idée d'être moyen nous a été inculquée quelque part au cours de notre vie mais s'il y a quelque chose que nul ne peut nous enlever c'est notre rêve. Effectivement, il y a ceux qui dorment et rêvent d'un lendemain meilleur et puis il y a ceux qui se réveillent et qui réalisent leurs rêves. Evidement que les pessimistes diront que "c'est facile à dire mais difficile à faire" mais tout le monde est d'accord que personne ne réussit en se focalisant sur les problèmes mais plutôt en essayant de trouver des solutions. Les jeunes Africains doivent se mettre en tête que les problèmes existent réellement. Ils font partie de notre vie de chaque jour et nul n'y échappe. Evidemment que le niveau du problème dépend de la personne en face mais c'est à chacun de nous de percevoir ces difficultés et les transformer en opportunités parce que si nous changeons notre manière de voir les choses autour de nous alors les choses autour de nous changeront. Nous voulons tous être entrepreneurs parce qu'il n'y a pas d'emploi mais combien d'entre nous peuvent vraiment gérer une entreprise? Combien sont prêts à se coucher tard dans la nuit et se réveiller tôt le matin? Combien sont conscients que cela prend du temps, un, deux, et même trois ans. Le financement est nécessaire dans la création de nos entreprises mais ce n'est pas le plus important. Le plus important c'est la mentalité et tant que la culture de l'entreprenariat n'est pas installée dans notre mental nos parents auront toujours peur de prendre des risques. L'état à lui seul ne peut pas investir dans chaque entrepreneur qui se présente. Notre famille est la première source d'investissement que ce soit humain ou financier alors c'est à nous de lui prouver qu'elle peut nous faire confiance car nous sommes vraiment capables de devenir des entrepreneurs. Beaucoup de jeunes qui ont des idées, reçoivent des financements puis dans deux ou trois ans sont obligés de fermer les entreprises avec des dettes qu'ils ne peuvent pas rembourser. Le mieux serait de mettre tous les atouts de notre côté, étudier le marché, étudier nos consommateurs, nous entourer des personnes plus intelligentes que nous avant de nous lancer dans une carrière d'entrepreneur. La persévérance est primordiale car si nous voulons faire de l'entreprenariat notre vie entière il serait très stupide de vouloir arrêter après un an lorsque les choses vont mal.

Chers amis, les trois choses les plus importantes dans la vie d'un jeune entrepreneur sont l'argent, le temps, et l'énergie. Et l'argent se fait très rare alors sachons utiliser notre temps et notre énergie. Ça ne sert à rien d'utiliser tout notre temps et notre énergie pour nous plaindre du système. Soit on travaille, soit on se plaint, mais on ne fait pas les deux en même temps.

Fabrice Gadeau,
Président et Co-fondateur à CIV Business Times

JEUNESSE, COURAGE

La vie est le plus beau des cadeaux que Dieu nous ait fait car pour moi, sa beauté réside dans son caractère incertain, oui ! Mais encore plus dans la part que chaque individu a à jouer ou non dans la vie de l'autre. Jeunes d'aujourd'hui et de demain, citoyens d'ici et d'ailleurs ; tant que Dieu n'a pas sifflé la fin, dites-vous que tout est possible. Je me plais à le dire et je ne cesserais jamais de répéter cette phrase : TOUT EST POSSIBLE.

Que faut-il ? Une simple prise de conscience ! Conscience de quoi ? Conscience de ce que la vie nous offre comme possibilité. Quelles possibilités ? L'amour, l'effort, le travail, la persévérance, la rigueur, l'assiduité, la croyance, la foi, la justice, la logique...

Pour moi, l'équilibre parfait parmi tant d'autres, serait résumé en cette phrase : « quand tu sais d'où tu viens, il faut savoir là où tu vas », en d'autres termes il faut pouvoir analyser ce qui a manqué au début tant au niveau familial, scolaire, social, financier ; tout ceci représente le « d'où tu viens » et pouvoir te fixer un cap ou avoir un modèle, un idéal de vie, une source de motivation, représentant le « là où tu vas ». L'on ne peut avoir cet équilibre pour moi qu'à travers :

- L'amour

- L'effort

- La rigueur

- La foi

- Le travail

Pourquoi l'amour ?

Parce qu'il faut s'aimer soi-même, il faut aimer ce que l'on fait, il faut aimer son prochain, et il me faut pour moi être en pleine harmonie : être dans une relation stable où l'amour est réciproque. Nous aimer nous-mêmes peut être une arme redoutable lorsque nous l'utilisons à bon escient, s'aimer soi-même nous éviterait de tomber dans certaines bassesses (prostitution par exemple). Aimer ce que l'on fait nous permettra de bien le faire et de pouvoir venir à bout de blocages, de difficultés. Aimer son prochain, c'est la base car c'est ce que nous recommande Dieu pour ainsi montrer la place qu'il doit occuper au quotidien dans notre vie.

Les TROIS PARAGRAPHES qui suivent seront surtout orientés vers les hommes.

Pourquoi l'effort ?

J'ai envie de répondre aussi simplement que « l'effort fait des forts ». L'effort est une vertu très importante parce que rien ne s'obtient en claquant les doigts, et j'aime bien le dire à des amis découragés et à mon petit frère que « si la vie ne te donne pas ce qu'elle te doit, arrache-le lui ». L'effort est la plus-value apportée à notre valeur intrinsèque.

Pourquoi la rigueur ?

La rigueur c'est ce que représentent les finitions pour le couturier. La rigueur c'est ce qui nous distingue d'une autre personne, la rigueur c'est ce qui devrait être la valeur sûre de chaque homme. Il faut d'abord être rigoureux avec soi-même, rigoureux dans son travail en ayant le goût du travail bien fait, rigoureux dans ses choix.

Pourquoi le travail ?

Le travail parce que c'est notre identité et c'est seulement par cela que notre semblable nous respectera. Le travail ce n'est pas forcément à l'école, le travail pour moi c'est d'aimer tout ce que l'on fait mais surtout de bien le faire.

LA FOI ?

C'est le mystère et c'est la clé de toute réussite et de tout accomplissement, car oui il faut avoir la FOI. Je ne peux pas trop en parler car je la perds souvent, ou je la recherche entièrement dans certains moments. Une chose est sûre, c'est que nous devons avoir la FOI en qui nous sommes, en celui qui nous a créés, en ce que nous faisons, et en un destin radieux.

Si nous sommes issus d'une famille riche, sachons que la richesse est éphémère ; si nous sommes nés d'une famille moins nantie, sachons que la pauvreté n'est pas une fatalité. N'oublions jamais que Dieu nous a donné des armes fortes qui nous permettrons de marquer l'histoire de notre vie. Oui, car en effet le but de notre vie doit être celui de laisser une empreinte positive dans ce monde. A la naissance, on est au moins doté d'une machette et d'une parcelle de terrain, ceci dans le cas le plus pitoyable, alors on ne récoltera que ce que l'on aura semé. Jeunes d'aujourd'hui, ne regardons pas plus haut que nous pour être déçu de ce qu'est notre vie, ne regardons pas plus bas que nous pour nous conforter dans notre position. Dans les deux cas, nous devons trouver une source de motivation : toujours nous battre et apprécier le cadeau de la vie. Savoir que chaque fil que l'on défait pour ouvrir ce cadeau est une leçon que l'on tire.

Mamby Diomandé

INTRODUCTION A LA CONSCIENCE

« Il était une fois … », cette expression populaire introductive des récits, histoires et légendes pourrait très bien servir de premiers mots à l'ensemble de mes écrits, mais non…on peut s'en passer !

Effectivement cette présentation de ma pensée ferait parfaitement l'objet d'une narration aux allures fantastiques, abstraites et mystérieuses comme celles qui courent entre les cases de nos villages, mais je vote pour le parti de la proposition concrète, concise, brève et réaliste.

Impressions partagées sous l'arbre à palabre ou à travers l'écran du tout dernier ordinateur d'Apple, l'objectif de notre génération doit être le même: proposer des solutions et espérer qu'elles soient utiles…

Qui dit « solution », dit « problème » et qui dit « problème » dit … ?? « Mathématiques » me répondraient quelques farceurs, « Conscience » me diront les plus illuminés.

En effet, il n'existe qu'un pas … ou un pont - pour être en phase avec la riche actualité ivoirienne - entre une situation qui semble normale et une situation dite problématique et ce pont est la prise de conscience que quelque chose ne fonctionne pas.

Ceux à qui profite une telle situation opteront pour l'endormissement des consciences, l'annihilation des réflexions de fond et l'autocensure car une prise de conscience manifeste des peuples abusés est le début du changement.

Ainsi en chevalier galant et servant d'une nation en général et d'une génération en particulier je viens vous présenter Dame Conscience, celle-là qui nous ouvre le chemin vers une paix pérenne.

« Cum-Scientia », son nom d'origine nous met déjà sur la voie « Avec Savoir » agir avec savoir et connaissance est sa devise. Se connaître, connaître son environnement, connaître ses forces et ses faiblesses, son histoire et son potentiel est l'étape numéro un d'une démarche salutaire.

Nous évoluons aujourd'hui dans une société où notre identité, notre histoire, nos forces et nos faiblesses nous ont été imposées. Nous qui ?? Les africains de manière générale, une génération en particulier –au risque de me répéter. Par qui ?? La pertinence de cette question à cette étape de notre démarche est minime.

Notre **histoire**, la vraie… nous devons la chercher et la trouver, la saisir et la décortiquer, l'analyser et la comparer afin de pouvoir se l'approprier : 4 Avril 1960, 7 Août 1960, 17 Août 1960 sont-elles les véritables « dates de naissance » des républiques sénégalaise, ivoirienne et gabonaise ? Que célébrons-nous réellement chaque année à ces dates précises ? La pseudo-indépendance ou la nouvelle dépendance ?

Notre **identité**, la pure… nous devons la forger et la défendre : les réalités des générations précédentes, les réalités des nations occidentales, les réalités des saisons écoulées ne doivent en aucun cas nous définir. Elles sont néanmoins à notre service; oui! À notre service !

Nos **forces** et nos **faiblesses** … nous devons les détecter et les mettre à la disposition de nos nations : Quel est mon domaine de prédilection ? Mes principales qualités ? Quels sont ces talents qui m'ont été confiés ? Dans quel sens dois-je m'améliorer ?

Un chapelet d'interrogations qui nous oriente dans notre quête de savoir, de facto dans notre prise de conscience. Le savoir est le fruit manifeste de la curiosité… Que notre esprit de nature curieuse en soit abondamment productif.

Et Dame Conscience, Première Dame de ton état –d'âme- une fois satisfaite, te présentera volontiers à ses plus proches collaborateurs.

#Génération Consciente

Yann-Gabriel N'ZI

« Connaître autrui n'est que science ; se connaître soi-même, c'est l'intelligence » -Proverbe chinois

CONSCIENCIEUSEMENT VOTRE

Le 25 Février 2014 à 18h57, Monsieur le Ministre de la République de Côte d'Ivoire en charge de la promotion de la jeunesse et des sports écrivait sur Twitter « Je suis rebelle et fier de l'être. Conservez ce tweet dans vos archives ». Suis-je le seul choqué par de tels propos ?? Le Ministre de la Jeunesse qui fait l'apologie de la rébellion ?

Afin de rafraîchir la mémoire d'éventuels amnésiques, je rappelle que le 19 Septembre 2002 a vu se produire une tentative de coup d'état, occasionnant la mort de plusieurs centaines d'Ivoiriens, mais également la scission du pays en deux. D'emblée, je tiens à préciser que je ne milite pour aucun parti politique de Côte d'Ivoire. Mais puisqu'en politique il faut avoir un camp, alors je m'assimile à ceux qui se battent pour l'unité et le progrès de la Côte d'Ivoire.

J'affirme que pour revendiquer on n'a pas besoin de tuer, surtout quand on soutient que les revendications émanent du peuple. Dans ce cas de figure, un mouvement populaire impulse un changement, une révolution. Et les grands révolutionnaires ne sont pas des « guerriers », Martin Luther King et Gandhi se sont illustrés par des actions non violentes, préférant le changement par le combat idéologique et l'action pacifique plutôt que par les armes.

Mais nous, en Côte d'Ivoire nous avons eu nos révolutionnaires: Monsieur le Ministre et ses amis qui ont eu le génie d'entamer une révolution qui n'a eu pour résultat que d'accentuer les divisions présentes en Côte d'Ivoire et de nous retarder dans notre processus de développement.

Car, OUI la Côte d'Ivoire n'était pas parfaitement unie en 2002, OUI le régime en place ne faisait pas l'unanimité. Mais nos génies révolutionnaires pensaient-ils vraiment qu'en prenant les armes ils arrangeraient les choses ? Est-ce qu'aujourd'hui on ne réalise pas qu'ils ont invoqué des problèmes pour au fond servir leurs intérêts ? Finalement qui est sorti vainqueur de ses 10 années de conflit ?

Le Nord ? Le Sud ? L'Ouest ? Ou l'Est ?

Pour ma part je ne vois qu'un grand perdant : Le peuple ivoirien.

Le problème de la Côte d'Ivoire est un problème de « leadership patriotique ». Je ne fais pas allusion au mouvement des jeunes patriotes qui a parfois pris des allures de nationalisme belliqueux. Je parle ici d'une classe dirigeante qui ne défend pas ses intérêts mais qui défend l'intérêt supérieur de la nation, je parle d'hommes qui cherchent à apporter le meilleur d'eux-mêmes pour le pays qu'ils aiment. Et aujourd'hui, nous ne voyons pas cela. Nous assistons plutôt à une bataille entre des partis politiques cherchant à s'accaparer le pouvoir, nous assistons à des tractations très peu discrètes visant à remanier l'appareil d'Etat pour satisfaire l'appétit de pouvoir de chacun, nous assistons à des luttes d'égo.

Notre pays n'ira pas plus loin que là où il est en ce moment, si la jeunesse ne prend pas conscience qu'elle se fait berner, qu'elle est instrumentalisée. Il nous faudra apprendre des erreurs de nos prédécesseurs, ne pas marcher dans leurs pas, ne pas continuer des combats qui ne sont pas les nôtres.

Il ne s'agit pas de nier le passé, mais d'en prendre acte et d'agir efficacement dans le présent afin de nous garantir un futur meilleur.

Un proverbe dit que « Quand on touche le fond, on ne peut que remonter ».

Allons-nous attendre de toucher le fond avant d'essayer de remonter ??

Anonyme

UNE SI COURTE LETTRE

A toutes mes filles, à toutes mes femmes

En deux mille vingt elles auront vingt-huit ans, elles seront toutes un peu plus femmes, mariées ou pas, avec ou sans enfant, car voici bien là aussi une réalité de notre temps, les femmes n'ont plus ce supra-besoin d'être chaperonnées voire même engrossées comme la coutume le veut. Elles sont libres, femmes capables, émancipées, indépendantes. Mais elles ont néanmoins besoin d'un avenir, l'avenir dont elles rêvent. Cinq ans plutôt, elles étaient mi-jeune-fille mi-jeune-femme, jonglant entre la vie et les amours, les enfants, les joies et les déceptions, l'école, le travail, la vie de femme d'affaires ou de leader. À peine en deux mille vingt, elles se projetteront déjà cinq ans plus tard. Cinq ans, oui, cinq ans constitutionnel. Celles qui avaient alors quinze ans, cinq ans plutôt en auront vingt en deux mille vingt, soit cinq ans plus tard. Désormais, elles seront en âge de voter. Comme quoi, en cinq ans tout peut arriver. Selon notre constitution, cinq fois huit feront quarante, et à quarante ans l'on peut être candidate, oui mais candidate à quoi, et de quoi ? Candidate du renouveau, du Progrès.

À vous mes femmes… briguez la magistrature suprême.

De La pérennité d'une nation,

Si l'on vit et que la mort existe, c'est bien qu'il nous faut non pas nous accommoder de cette vérité comme fatalité ; mais qu'il nous faut participer pour faire du premier, l'idéal des générations futures. Le second n'est pas une fin, c'est un recommencement perpétuel que seul ceux qui n'ont préparé l'avenir, le futur, n'acceptent. Si je vis, si je construis, cela ne se doit d'être pour moi. Car moi, qui suis-je pour être plus arrogant que la vie et la mort ? Si je construis, c'est bien pour nos descendants car je construis sur une terre qui ne m'appartient, mais qui nous appartient à tous ; à ceux du présent et du post-nous.

L'entame d'une si courte lettre,

Nous voici à l'aube des jours suivant ce matin ensoleillé des indépendances.

Nous sommes les rejetons sociétaux de la deuxième génération.

Nous sommes les témoins-victimes et acteurs du plus gros scandale politico-social des années post-Bélier, 3000 âmes officiellement perdues.

Nous sommes les garants des prémices de ce que l'on appellera « paix ».

Nous avons grandi sous le sapin des *baéfouè*, nourris au sein rebelle et populiste, puis nous sommes tombés sous les balles assassines d'ambition d'une Démocratie Populiste & Libérale qui dévore la jeunesse. Pourtant, dans les livres, on nous disait qu'avec la démocratie, les jeunes avaient le droit d'être écoutés, d'avoir des emplois, de l'éducation. On nous disait que l'on aurait un avenir, que l'on pourrait vivre tout simplement, et non pas mourir au midi de nos vies. Depuis toujours nous avons été exploités.

Aujourd'hui, on a séparé les jeunes d'entre eux-mêmes, on les a groupusculairement politisés et embrigadés. Combien sont ceux qui ne jurent que par leur appartenance ethnique pour parler et penser politique ? Voilà ce que l'on nous a aussi appris, réfléchir sans réfléchir. Nous sommes divisés pour que d'autres puissent mieux régner. Ironie, on veut défaire de cette emprise maléfique ma jeunesse. Ironique, il y a cet appel à la dépolitisation de la jeunesse. Mais dépolitiser les jeunes, est-ce là le vrai problème?

Quelles sont les chiffres du chômage dans une population désignée comme étant majoritaire ?

25% des moins de 35 ans sont au chômage. Le monde.fr, 17 avril 2015.

The ultimate oblivion of an american range of view,

Nous n'avions pas plus de six ans lorsque le bélier mourut.
Difficile d'apprécier de cet étage, la vue. Néanmoins, de six à seize ans plus tard ou même avec une décennie en moins, si l'on veut, nous n'avons cessé d'écouter ici et là les remords agacés de personnes plus âgés qui n'arrêtaient de comparer hier à aujourd'hui, vous savez, comme lorsque l'on dit « avant, mon papa avait l'argent ».
Entre exagération reprit en cœur et infrastructure parlante, il n'y a que pour seule vérité ce qui reste, les preuves.
Le Bélier avait certes violé la démocratie, sifflons le bas mais fort, une trentaine d'année au pouvoir, mais pour un bilan des plus orgasmiques.
Il avait mêlé machisme et jouissance à l'état pur (du génie ?) comme si les deux n'allaient ensemble. Il avait marié sa Cote d'ivoire, sans d'ailleurs lui faire la cour, la bonne vieille

époque diront certains ? Il lui avait dit tu seras mienne, mais tu seras heureuse et belle. Un séducteur, un « gentleman » des plus sauvages, il était sans manière aucune, mais, à la comparaison de ceux qui épousent de force, une fois satisfait, repus de leur désir de possession le malheur s'abat sur leur *dulcinée*.

Seulement, le bélier, lui, en a fait une femme, et une des plus belles d'Afrique.

Elle était tellement belle qu'elle fut courtisée de toute part, mais l'amour, le vrai est fidèlement reconnaissant. Dans les années soixante-dix, il y avait pont depuis belle lurette, et le cacao cet or brun, enrichissait, grâce à la maîtrise et stabilisation de son prix par le pays. Pendant cette période, le tourisme aussi avait son mot à dire : Les chiffres de croissance touristique étaient de 16%. Les routes faisaient leur chemin, Yamoussoukro, elle, se préparait d'ores et déjà dans la tête du bélier à devenir comme une *American city*, *a better Kennedy's story* même si au finish ces deux rêves ont été fauchés par le temps, et ses vicissitudes.

Les paysans eux, étaient là, « posséssivement » riches, que c'était beau la richesse.

Le parfait conte de fée. Même sur le plan politique, malgré les sanglants coups de tête du bélier, le pays… allait bien. Un paradis dans une Afrique bon an mal an, côtoyant parfois le pire, on aurait dit l'apartheid. Naissait donc à ce moment-là, le *Bantou Homeland Citizenship Act* privant les Africains de tout droit en Afrique du Sud blanche, hormis dans les bantoustans. Ce cannibalisme qui tend à dévorer la couleur d'une terre, sur la base de préjugés volontairement inconnus en vrai. Cette idéologie suprématiste, que l'on déverse sur tous nos semblables (généralité humaine), sur tout ce qui tend à la réflexion. Une idéologie surexposée sous forme de bannière de la vérité. Une malhonnêteté intellectuelle à la gloire de biens finalement mal acquis. Mais je sais qu'il n'y a de justice dans ces cas, surtout dans mon Afrique de ces temps-là. Les choses ont-elles changé ?

En cet intervalle de soixante-dix, la vie sous le bélier, ce mariage, une idylle passée que l'on rêve au présent.

Hélas, au grand dam de la vie, le communisme/socialisme une décennie plus tard, a ses raisons que la raison *Africaine* a réinventées. La théorie a ses travers qu'elle seule peut définir. D'un même courant, d'une même pensée peut naître d'un même préfixe deux idées similairement opposée dans la ressemblance, mais ayant tout aussi bien, la même triste fin. Révolution-Rébellion.

Du concept allemand au maquisard argentin, il n'y a qu'une différence, la différence des langues. Pour le reste et face à l'histoire, chaque leader africain adepte de ce style de pensée, a compris que son « mouvement » n'avait pas besoin d'être rattaché en tout point à l'idée mère pour être compris de tous et surtout de la logique commune des *petits-mortels-non-pensant*, mais qu'il suffit de s'en accaparer comme ce qu'ont toujours fait les *grands-mortels-mieux-pensant*, à leur façon et le tour est joué. Etait-ce là la fin de la symphonie ?

Oui, c'est ainsi que chez nous aussi, il a fallu recommencer tous les mouvements de la symphonie, et du début. Mais difficile d'être un *grand-mortel-mieux-pensant* et faire le choix de suivre un tout autre chef d'orchestre que soi. Chacun a ainsi choisi la manière dont allait se jouer désormais chaque

partition de la musique, entrainant toute la jeunesse estudiantine des années quatre-vingt, quatre-vingt-dix dans un marasme socio-idéologique qui n'a été qu'une autre des souches épidémiques de ce que nous vivons aujourd'hui.
La mort de l'harmonie.

La mort de l'harmonie,

Voulez-vous être le dauphin ce soir ? Non mon général ! Et pourtant Cicéron sous la rose, la rose aurait-elle pu ? Aurait dû faire mieux avant ou après que l'on ne signe la charte, mais que peut une rose ? L'économie mondiale dégringole, il faudra une tonne de programme d'ajustement pour les pays d'Afrique dont nous ne serons épargnés, rentrez sous la case, vous serez à l'abri, disaient-ils.

Voir son amour souffrir là, sous ses yeux, sur un lit d'hôpital, des plus luxueux et ne rien pouvoir faire ? Vas-en paix cher Bélier d'or, nous avons compris ta douleur, en même temps que ton âge avancé.

Panégyrique du présent, au passé.

Et pour dernière oraison,
*Que celui que tu nous offres à ton départ, ton dauphin, nous guide avec sagesse, vers le mythe de Canaan et non du Walhalla, parce que la vision du modernisme en Afrique peut être tout, sauf **entièrement** Africaine comme ton cœur le désir au soir de ton voyage vers la porte de l'au-delà.*
Que ton docteur qui s'afféra sous ces tonnes de projets structurels pour le rétablissement de ta si belle épouse lui apporte guérison finale.
Que l'oiseau dont tu nous parlais souvent, Cicéron sous la

rose de son nom à l'état politique, revienne se poser sur son arbre et qu'il rétablisse l'équilibre des choses, car dans la nature chaque chose à une place, et doit être à sa place.

Amen ou Amina, chacun choisira.

Adieu,

Adieu Bélier, du petit balcon de mes années 87 et suivantes, je comprends pourquoi tu manques à tous ceux qui ont connu ton règne (même ceux qui n'osent le dire, politique oblige). L'ironie, c'est que cette prière au regard du tout présent, ressemble à un « *rewind* », tant le passé se confond presqu'au présent, dans cette présence des personnages clé de notre histoire politique. Pour quelle raison ? Le Dieu des humains, celui que toutes les religions pleurent différemment à la fois par égo, lui seul le sait. Néanmoins, peut être que d'où tu es, tu pourras lui glisser cette petite épitre plus facilement et en notre nom, sous le manteau d'ailleurs, pourquoi pas ? Car nous avons ouïe dire de la foule que tu étais un fin diplomate, à ce qu'il parait. Alors voici notre requiem de fin, demandes à Dieu de la lire s'il te plait, pour la foi, la persévérance et le non-désespoir qui ont poussé l'écriture. Merci.

Diantre ! Enfin, cette si courte lettre.

Cher Bélier,

Je t'écris cette lettre, moi, un de tes petits enfants. Un descendant des enfants de cet amour que tu nous as laissé ici-bas. Aujourd'hui elle a 55 ans, et a une flopée d'enfants et petits-enfants dont je fais partie. Elle a beaucoup changé depuis ton départ grand père. J'espère que d'où tu es, ma lettre te parviendra. J'espère qu'elle ne souffrira pas de censure là-bas, pas aux portes d'où tu te trouves maintenant, je l'espère bien.

Oui tu l'auras remarqué, je souffre du syndrome du manque de liberté d'expression, mais grand père ne t'inquiète pas, nous en sommes maintenant finalement habitués. Il faut dire que tu en connais tout aussi un rayon à ce sujet.

Comme je le disais, elle est toujours là où tu l'as laissé, sur son lit, sur son lit d'hôpital. Chambre luxueuse, ton épouse y est couchée entre or noir, jaune, diamants, fèves de cacao, et j'évite de continuer pour ne pas t'ennuyer avec tout ce que tu sais déjà. Tu sais, lorsque quelqu'un va mal dans une famille, surtout la reine mère, c'est toute l'atmosphère familiale qui devient des plus tendues. Mes grands frères n'ont pu éviter le pire parce que les oncles n'arrêtaient pas de leur parler de l'héritage que tu as laissé à la vieille et se respectant un peu trop pour se battre, ils ont monté nos aînés entre eux, je sais que tu devines déjà ce qui s'est passé, je ne veux pas t'affoler d'avantage, mais tu n'imagineras jamais le drame qui s'est produit.

Tout a commencé quand tu es parti, les oncles et autres doyens ont commencé à dire que la vieille était de la famille d'un tel et pas de l'autre. Chacun c'est vexé à tort et à raison ou pas d'ailleurs, mais ils sont arrivés jusqu'a changé des écrits sur les papiers de Grand-Mère.

Catastrophe, chacun d'entre eux a tenté de réveiller la vieille pour qu'elle témoigne de sa descendance. En tentant de la réanimer, ils l'ont mis dans un coma, mais rassure toi, depuis peu de temps elle revient à la vie. Le docteur lui a administré *de bons traitements, mais l'oncle dit que le Docteur l'a plongé, sans que personne ne le sache dans le coma et a essayé de faire comme s'il n'en savait rien. Ma pauvre grand-mère, ils l'ont détruite pour leurs propres intérêts, tu imagines ?*

Pourtant, à tes funérailles ils juraient tous de protéger celle que tu aimes et sa descendance.

L'ingratitude des humains ? Et nous, tes petits enfants, on nous a privé de tout. Estimant que nous n'étions que des jeunes. Les grands frères disent d'ailleurs que les oncles tiennent tout ça de toi, que depuis les années 90' ils ont été obligés de se « Zougloutiser » pour que tu puisses écouter, sinon au moins entendre l'écho de leurs pleurs.

Seulement, les années qui ont suivi n'ont pas été meilleures, ça je te l'accorde grand père, donc tu peux au moins t'en laver les mains. Mais, grand père, crois-tu qu'il soit normal que l'on nous utilise pour attraper des armes ? Comme si nous avions les moyens d'en acheter, vu que nous arrivons déjà très difficilement à payer nos études ? Tu nous vois nous, en train de sacrifier notre avenir pour des fusils ? Oui je connais ta réponse, mais on nous y a forcé, on nous a dit que parmi les tontons et nos cousins y'en a un qui voulait nous chasser de la maison parce que l'on n'était pas de la même famille que la vieille en vrai ! On était choqué. Donc lorsque les tontons nous ont donné des sous pour « gâter » le coin, on n'a pas refusé. Et puis grand père toi-même regarde, on avait déjà pas suffisamment pour faire plaisir à celle que l'on aime et en plus il y'avait les parents à soutenir le soir à la maison, grand père, on a pris l'argent. Mais j'avoue que rien n'a changé, aujourd'hui encore on dort dans des endroits délabrés et on ne cesse de nous expulser de partout, de casser chez nous ou de nous menacer d'éviction des chambres universitaires vers le camp des blancs là... Je parlais à un de mes cousins, il m'a dit que lui, on lui avait chanté le contraire, que c'est nous qui voulions leur faire du mal jusqu'à même ils ont mis affaire de Dieu dedans. Oui, il fallait que je l'écrive avec la tonalité ivoirienne pour que tu ressentes pleinement ce qui s'est passé et se passe ici-bas. Et voilà comment nous avons oublié qu'il nous fallait plutôt nous battre pour avoir de belles écoles, universités équipées et remplies de professeurs émérites, du travail et une bonne santé ; plutôt que pour autre chose. Nous défendions un égo et non un avenir.

Mes frères, cousins, cousines, sœurs sont tombés, ceux qui étaient à côté les ont enjambés ils ont marché jusqu'au corridor, les autres ont fui, ils se sont réfugiés chez les voisins. On a dit à un groupe de rentrer à la maison que les universités allaient être construites dans tout le pays, que nous pourrions nous inscrire avec une poche qui reçoit l'argent de nos différents emplois et que nous pourrions mieux nous soigner dans de meilleurs hôpitaux. Mais Grand-père, il est déjà 19h et rien n'a été fait. Imagine toi, je dormirais encore le ventre vide parce que au marché les prix ont pris feu, tellement que tout a brûlé, c'est chaud comme on le dit ici papi. Je dormirai le ventre vide ? Et toujours en retard face aux jeunes du monde, qui dans leurs pays respectifs ont universités, santé, travail, femme et vie sociale. Je voulais encore m'endormir comme ça, mais je me suis dit, qu'il est temps que je ne dorme plus. Si tu arrives à faire lire ma lettre à Dieu et qu'il ne fait rien, comme d'habitude, alors

que tout le monde le prie et que certains de mes frères et sœurs attendent une certaine « armée céleste » qui ne viendra qu'en production Nollywoodienne, ce n'est pas grave dis-lui que nous avons compris son message :
Nous devons nous prendre en main.

Bien à toi grand-père, un de tes petits fils, nous t'embrassons.

Sois assuré de la grandeur de nos ambitions pour celle que tu nous as laissée, au nom d'une jeunesse des plus déterminées.

Arnaud Blé-Debuc.

UNE LETTRE DE L'OCCIDENT

Quelques fois, les commentaires que j'entends ou que je lis sous les articles ou vidéos de nos frères Africains, Ivoiriens en Occident me font de la peine. Pas seulement quelquefois, très souvent dirais-je… Tout le temps.

Je me nomme Sylvie, Sylvie Kouadio, née le 20 Mars 1980 à Béoumi dans le centre ivoirien. J'y ai passé toute mon enfance et mon adolescence, avant de venir à Abidjan, la Capitale, après avoir décroché le BAC en 1998. A cette période, la Côte d'Ivoire connaissait déjà des crises sociales, économiques et politiques, des problèmes qui existaient depuis longtemps, depuis la mort de Felix Houphouët Boigny, et qui empiraient avec le temps. Après l'Université, après le premier, puis le deuxième coup d'Etat ivoirien, j'effectuai beaucoup de stages dans différentes compagnies sans être embauchée, malgré mon BAC + 4. Les études que j'avais faites ne servaient à rien, non, à Abidjan, il fallait plus que ça. Il fallait être « quelqu'un », être « l'enfant de quelqu'un », ou « connaitre quelqu'un ». Alors que tous ceux que moi, Sylvie Kouadio, fille de planteur, connaissais, étaient à Béoumi.

A Abidjan, il fallait plus que ça. Avec l'aide d'économies de mes parents et d'un beau parleur, je me suis retrouvée en Europe, à Paris. Quitter ma terre natale, quitter mon pays pour me retrouver sans papiers dans celui d'autrui n'était pas mon rêve, non ce n'était pas mon choix. Mais hélas, Abidjan ne m'a pas laissé le choix. Comprenez que le mirage que vous présente l'Occident n'est pas un rêve pour tout le monde, mais beaucoup sont contraints de partir, fuir l'Afrique pour espérer un avenir meilleur chez les « Blancs ». Quelle honte pour l'Afrique ?! Quelle frustration qu'être un Africain, un Ivoirien dans une telle situation.

A Abidjan, il y a deux genres de diplômés, les super-chanceux ou les plus nantis, ceux dont un poste leur est garanti, avant même d'avoir entamé l'université, par des relations ou familles très aisées depuis l'ère Houphouët. Puis, il y a ceux qui rêvent d'aller en Europe tenter l'aventure, puisque « à Abidjan, le marché est saturé ». Et nous qui réussissons à partir sommes critiqués par tous. « Ah ces sans-papiers... Mais si Paris est dur, rentrez à Abidjan ! » Entends-je souvent. Selon moi, il est plus facile d'endurer la souffrance que nous infligent des inconnus plutôt que celle que peuvent nous infliger nos familles, nos amis, etc... Il est donc plus facile de souffrir chez les autres, que de souffrir chez soi. Chez les autres, tu arrives facilement à te consoler avec la pensée, le mensonge, que tu souffres effectivement parce que tu n'es pas chez toi et qu'un jour, tu auras la possibilité de rentrer et que tout ira pour le mieux. Mais souffrir chez toi ? Dans ta propre maison ? Sur ces terres qui t'ont vu naitre ? Comment nos gouvernements peuvent-il le permettre ? Comment l'Ivoirien, comment l'Africain peut-il l'accepter ? Oh, quelle honte pour l'Afrique, quelle frustration qu'être un Africain dans une telle situation...

S.K (Zalica Diarra)

ABIDJAN QUI CHANGE

« Abidjan a changé! » J'entendais souvent cette phrase avant de m'y rendre et de voir de mes propres yeux. Et oui, effectivement, Abidjan n'est plus vraiment comme avant. Mais, le développement de ladite ville passe obligatoirement par un désengorgement de celle-ci. Abidjan est surpeuplée. Et malgré sa force de séduction, une grande partie de ses habitants peine à supporter son quotidien. Les autoroutes, les ponts, les nouvelles routes, les feux tricolores et les échangeurs en construction donnent un air de changement à la ville, mais Abidjan reste pareille. Insalubre, engorgée, désordonnée. Les nouveaux feux ne sont pas respectés, les nouvelles routes ne peuvent être appréciées à cause des Abidjanais chauffards dans leur grande majorité. Abidjan change sans vraiment changer car elle change sans que l'Abidjanais ne change. Le développement d'Abidjan poussera-t-il l'Abidjanais à changer, ou faudra-t-il un changement dans la mentalité de l'Abidjanais d'abord avant de pouvoir marquer, observer un réel changement de la ville d'Abidjan?"

*Difficile de changer l'Afrique si l'Africain se refuse au changement.

Zalica Diarra

Et pour toi mon amie,

A ma très chère Parisienne, ma très chère amie du primaire, Vanessa Touré et à la pureté de son rêve. En effet, comme tu le dis souvent mon amie, pour la plupart, nous manquons tous de discipline en Côte d'Ivoire, et il nous faut y remédier.

Le rêve d'une Côte d'Ivoire disciplinée. Un rêve que je partage aussi.

A toi mon amie et à,

La Génération 90, Génération Madame Roland, toute la direction, à nos maitresses et à tout le staff organisationnel, Pépinière des II plateaux.

Arnaud Blé-Debuc.

HORS CHAMPS LES PROFANES.

"Le développement de la Côte d'Ivoire repose sur l'agriculture", cette puissante maxime qui berça notre enfance. J'aimerais dans les lignes à venir survoler ce secteur des plus prometteurs. La Côte d'Ivoire, c'est 322.462 kilomètre carré de terre fertile, une superficie sur laquelle l'agriculture représente 22% du PIB du pays, et emploie les 2/3 de la population active du pays selon FAO et la Banque Mondiale. Pour 2016, le milieu agricole a ses objectifs propres guidés et alignés sur le discours d'émergence prononcé par le président de la république de Côte d'ivoire. Par exemple, au niveau du riz, l'année 2016 est fixée sous le signe de "l'autosuffisance en riz".

En effet, malgré notre si fertile terre, nous ne sommes pas suffisants en riz, et voici dès le départ un des défis majeurs que nous nous devons de relever. En 2014 nous avons tout de même importé 900.000 tonnes de riz, malgré des récoltes record de 1,34 million de tonnes selon un article du mois d'aout du magazine Jeune Afrique de cette année 2015. Pour ma part, j'espère fortement que l'objectif que s'est fixé le gouvernement pour 2016 deviendra une réalité sur le terrain. Il faut dire que cela nous fera moins dépenser au niveau des importations dans ce secteur et nous permettra alors, de réutiliser les gains à bon escient.

Néanmoins, j'ai une petite réserve à exprimer et elle se situe au niveau de l'utilisation du terme *agriculture* en Côte d'Ivoire. Parce qu'il faut le préciser, la question de l'agriculture avait majoritairement pris pied et racine à l'origine sur le Café et le Cacao c'est vrai. Mais, extérieur à ce milieu, pour les profanes que nous sommes, nous avons l'impression qu'il n'y a finalement que le café et le cacao qui poussent et se doivent de pousser ou de recevoir éloges. N'est-il pas temps de mettre en valeur l'entièreté du secteur agricole ? Cette petite insuffisance en riz et certainement de certaines autres, ne serait-elle pas aussi due au manque de communication accrue sur leur carte d'identité ? Il suffit de regarder la saturation de l'exploitation du café et du cacao, de l'hévéa et j'en passe pour comprendre que communiquer à fond sur un sujet de ce type, amène les ivoiriens à s'y investir à 200%... et donc annihiler tout risque de « pénurie »... non ? Saturons d'activités les secteurs que nous consommons, de prime abord, je pense.

Je ne dis pas de jeter aux oubliettes le café-cacao et sa consommation, mais de permettre à d'autres produits d'émerger enfin eux aussi. Pour ce qui est de la consommation locale de nos deux fleurons, je ne vous apprendrai rien, mais je pense encore une fois que leur industrialisation locale par nous-même, en produit fini, fera du cacao et du café non plus une richesse exclusivement prisée de l'extérieur, mais tout aussi de l'intérieur avec des coûts d'achat raisonnable (l'économie de marché s'en chargera, à un moment donné, je n'ai aucun doute la dessus).

Les jeunes ont besoin de travail, alors que le secteur agricole peut en offrir à tous les niveaux : recherche, innovation, innovation commerciale, nouvelle technique et technologie agricole de production. Il ne faut qu'une formation appropriée à notre jeunesse, pour que le développement de la Côte

d'Ivoire repose réellement sur l'agriculture.
Yes we can ?

Marc-Axel Kodjo

LE TOURISME

Quand j'étais plus jeune, bien avant tous les problèmes qu'ont connus nos villes Ivoiriennes, j'étais friande de vacances à l'intérieur du pays. J'ai été en colonie à Yamoussoukro, qui dans son allure imposante m'a fascinée. Là-bas, nous étions logés dans les dortoirs du Lycée Mamie Adjoua, et chaque jour avait son activité. Nous avons visité et profité de tout ce que la ville avait à offrir, nous nous sommes imprégnés de la culture Baoulé en assistant à des évènements communautaires, et en y participant même. J'ai fait partie de Yamoussoukro, et l'histoire de la Côte d'Ivoire dans cette ville s'est inscrite en moi. J'ai aussi été dans une autre colonie de vacances à Bonoua, différente expérience mais même ressentiment, mêmes émotions.

En 2009, je suis allée pour la énième fois à Duékoué dans l'ouest du pays, où j'ai marché des kilomètres, de Guitrozon à Blahzon. J'ai pu voir, j'ai pu admirer, j'ai pu toucher ; j'ai pu m'assoir sur l'une des multiples montagnes de pierres noires qui se trouvaient là. Avec mon frère, nous sommes partis aux champs où nous avons travaillé la terre, puis sur une place publique où nous avons échangé avec d'autres jeunes. Certains matins je faisais le marché avec la fille de maison, et certains soirs, nous faisions les rues animées de Duékoué à la recherche de plats du Sud (attiéké, poisson etc.), afin d'assouvir nos désirs de jeunes Abidjanais. Duékoué fut magique, Duékoué est inoubliable.

Souvent aussi, je passais certains congés à Grand-Lahou, ou plutôt à Lahou-Plage plus précisément, bien avant sa disparition. Comment oublier cette traversée en pirogue avec tante Lala pour faute de place sur le BAC ? Comment oublier le bruit que faisait l'embouchure qui n'était qu'à quelques mètres de nous ? Puis, hélas une grande partie de Lahou-Plage fut engloutie… A Lahou 2, nous avions pour voisins des Libanais, avec leur fils Hassan qui était mon meilleur ami du moment, avec qui j'ai appris à jouer à l'Awalé. Nos repas étaient toujours composés d'attiéké, que nous dégustions souvent avec des crevettes grillées dans une sauce tomate bien pimentée ou avec du poisson frais pêché à l'heure même du repas. A Lahou, avec mes cousins je partais à la pêche, par eux je me laissais effrayer avec des histoires rocambolesques de pygmées, et avec eux je me laissais emporter dans des courses effrénées derrière des poules que nous croyions sans propriétaires, et que nous faisions cuire avec de l'eau et du sel… avec un oignon volé dans la cuisine de Mémé Agnes.

Mes visites à l'intérieur du pays me conduisirent dans le bassin de la cascade de Man, à Divo, Daloa, Assinie, Grand Bassam, Mondoukou, Sinfra et j'en passe. Je ne peux qu'être amoureuse de la Côte d'Ivoire, et regretter ces doux moments tant nous avons perdu. Perdu notre temps à nous battre, revendiquer, critiquer, vociférer, détruire, tuer, piller… Nous avons détruit notre patrimoine, qui aujourd'hui n'attire plus grand monde, malheureusement. Avec en notre possession des bijoux tels que le Pont de Lianes (Il n'y en a pas mille au monde), la Baie des Sirènes, le Cimetière des Bateaux, Monogaga, le réseau lagunaire le plus vaste d'Afrique etc. nous devons savoir nous montrer ingénieux et créatifs pour rendre ces endroits plus exotiques, plus magiques. Le ministère du Tourisme en collaboration avec Tourisme Cote d'Ivoire pourrait organiser un concours public d'idées de projets touristiques. Un concours qui se déroulera sous les yeux des Ivoiriens (journaux, magazines, réseaux sociaux, émission tv etc.), qui pourront voter et choisir le projet qui non seulement saura mettre la Côte d'Ivoire en valeur, mais qui aussi procurera des emplois aux populations. Le gagnant du concours travaillera ensuite avec Côte d'Ivoire Tourisme, pendant un an ou deux à la réalisation du projet. Après la complétion de chaque projet, un nouveau concours, une nouvelle ville, un nouveau gagnant, et ainsi de suite. Pouvez-vous imaginez le nombre de touristes, même parmi les Ivoiriens, les Africains, qui se rueront à la découverte de cette Côte d'Ivoire nouvelle, bâtie par les fils et filles de ce pays ?

Aussi, le touriste ne dormira pas sur la plage d'Azuretti ou sous le Pont de Lianes, des touristes dans un pays, c'est plus d'hôtels qui se construisent, qui fonctionnent, plus de restaurants qui ouvrent, plus de restaurants qui voient leur clientèle augmenter, des boutiques souvenirs qui voient le jour. Le touriste va dépenser de l'argent dans nos villes, créant ainsi beaucoup d'emplois, de nouveaux business qui profiteront et à l'Etat, et à l'Ivoirien. Le tourisme est donc tout aussi important que l'agriculture, et l'économie Ivoirienne ne peut pas se bâtir qu'en s'appuyant sur le cacao et le café. Nous avons besoin de tout ce qui pourra contribuer à relever notre pays, et notre culture n'est pas à négliger.

Il y a beaucoup d'Ivoiriens qui sortent du pays pour aller passer leurs vacances, étudier ou faire leurs courses en

Occident, à Dubaï ou même dans d'autres pays Africains ; mais combien sont-ils ces Européens, Arabes, Américains à venir faire leurs courses chez nous ? Combien sont-ils à envoyer de l'argent chaque fin du mois pour payer le loyer de leurs enfants qui vont dans nos écoles ? L'argent qui sort du pays n'est pas retourné, et même quand il l'est, c'est sous forme de crédits, de prêts, cadeaux de l'Occident ; il faut donc trouver un moyen de remplacer l'argent sorti, et promouvoir le tourisme est un moyen parfait de le faire.

La Présidente - Fondatrice de la JIACI (Jeunesse Ivoirienne pour l'Avenir de la Côte d'Ivoire), Mlle Martine Dacoury - Tabley avait dit lors d'un débat sur le sujet en 2009, « créer un parcours touristique passant par le littoral, Monogaga, San Pedro entre autres ; remonter ensuite par l'Ouest pour arriver à Man avec ses montagnes, son Pont de Lianes… Continuer dans le Nord territoire de Samory Touré, à la découverte de la savane, des mosquées en terre, et redescendre vers Bondoukou de l'Est avec toutes ses traditions, bifurquer au centre et finir par Yamoussoukro avec tout ce qu'on y connait. Quelle visite magnifique ! ». Elle a continué en insistant qu'il fallait construire des ponts, développer le tourisme sur ces petites presqu'îles que nous avons, désemplir la ville d'Abidjan, réhabiliter nos espaces verts, réprimer la pollution dans nos rues avec une politique rigoureuse de sanctions anti-pollution, et enfin faire comprendre aux Ivoiriens que la ville d'Abidjan, et nos villes de l'intérieur sont des bijoux qu'ils se doivent obligatoirement de léguer, dans de meilleurs conditions, aux prochaines générations.

Zalica Diarra

L'AVENIR ET LE DEVENIR

L'an 2015, ce moment précis où la jeunesse ivoirienne se retrouve prisonnière d'un système dont elle-même en ignore les contours, contours invisibles à l'œil nu et à l'esprit modelé ou plutôt endoctriné. Tous en quête d'un bon avenir ou d'un avenir meilleur, nous fermons les yeux très souvent sur les règles d'éthique et de bonne morale, ces règles qui ont été inculquées à nous tous pour la plupart dans le cadre familial, scolaire et universitaire pour les plus brillants. Ce système d'aujourd'hui nous enseignant qu'être « Brouteur » n'est pas une fatalité, système où la morale, l'honneur et la dignité chez les femmes comme chez les hommes n'existent pratiquement plus, où être dans l'illicite, l'illégal ou le mal est totalement normal et généralisé quand être dans le licite, le légal ou quelqu'un de bien est vu comme un signe de faiblesse ou être « Has-been ». De ce fait, chacun conçoit l'avenir selon sa vision et sa situation, oubliant le devenir, oui le devenir !!! En quête absolue d'un avenir meilleur, nous passons à côté de ce que nous avons souhaité devenir ou ce que nous avons voulu devenir dans notre vie.

Au regard de tout cela, se pose donc la question de savoir si la quête d'un bon avenir nous autorise à nous égarer et nous éloigner de notre but précis c'est-à-dire notre devenir, en nous corrompant dans la perte des valeurs morales et d'éthique, dans l'illicite et l'illégal ?

A mon humble avis et selon mes convictions personnelles, je ne pense pas que nous y sommes autorisés, car une génération vit pour qu'une autre existe. En conséquence, donner un lourd fardeau aux prochaines générations, serait criminel de notre part. C'est pourquoi, cette jeunesse ivoirienne doit se réveiller et comprendre qu'il ne s'agit pas d'appartenance politique, ethnique ou de classe sociale, mais que le combat se situe au niveau de ce que nous avons décidé de devenir dans cette Société. Que chacun se batte pour réaliser ses rêves et celui qu'il veut devenir, pour apporter un plus à son pays et au monde entier, plutôt que d'être l'instrument d'un système conduisant à sa propre perte.

NB : « L'avenir c'est avant tout le devenir ».

Kouamé Malick-Franklin

Juriste & Artiste

UN DERNIER MOT POUR L'AFRIQUE… ET SES AFRICAINS.

En Afrique, pour pouvoir construire, il faut d'abord détruire. Depuis les années 1950's, depuis la Saga des indépendances, l'Afrique demeure toujours en construction. Un vaste chantier qui a mal à ses fils…

POSONS-NOUS LES BONNES QUESTIONS

En Février 2015, un navire avec à son bord plusieurs immigrants clandestins Africains coula, occasionnant ainsi la mort de nombreuses personnes. Sur les réseaux sociaux, beaucoup de jeunes Africains exprimèrent leur indignation face à ce drame, mais surtout face au silence de la dite Communauté Internationale. Mais qu'ont fait les Présidents Africains ? Présidents qui, si vous vous en souvenez, avaient couru pleurer au chevet de la France après l'attentat à Charlie Hebdo.

Il est peut-être vrai que l'Europe se doit d'accueillir toutes les misères de l'Afrique, à cause des misères que l'Europe nous inflige (Coups d'Etats, guerres « civiles », contrôle de nos ressources, monopole des marchés dans nos pays etc.) ; Mais comme l'a dit madame Fatou Diome lors d'une intervention sur un plateau télé en rapport avec le naufrage du bateau des immigrants clandestins, « Il faut arrêter de tout le temps rejeter la faute sur les autres ». Etre Président, Maire, Ministre, ou Député, n'est pas un titre mais bien un métier. Des fonctions qui ne se limitent pas à la construction de ponts et routes, mais aussi à prendre soin de sa population, être à son service, assurer son bien-être et sa sécurité, et améliorer son niveau de vie. Les raisons de l'immigration se résument à:

- Liberté/refuge Politique

- Tolérance Religieuse

- Opportunité économique

- Sécurité sociale

- Chance à un nouveau départ.

Rares sont ces Japonais, Américains, Anglais, Australiens, qui sont prêts à risquer leur vie pour rejoindre l'autre bout du monde dans l'espérance d'une vie meilleure, mais combien sont-ils en Afrique qui rêvent de s'enfuir loin du continent mère ? Posons-nous les bonnes questions jeunes Africains. Quels genres de dirigeants avons-nous mis à la tête de nos pays et dont les actions ou inactions poussent nos frères nos parents à cette extrémité qu'est de risquer leur vie, qu'importe, partir à tout prix. Comment pouvons-nous l'accepter ? Nous en avons le droit, exigeons de nos gouvernements d'être irréprochables.

Un bateau coule avec à son bord nombre d'immigrants Africains, que fait l'UA ? Des étudiants sont brûlés vif dans une université au Soudan, que fait l'UA ? En Afrique du Sud, des Africains se font exécuter par leurs frères Africains, que font nos Présidents ? Que fait l'UA ? Douze personnes sont tuées lors d'un attentat contre Charlie Hebdo à Paris, et la, que font nos dirigeants ? Arrêtons de toujours rejeter la faute sur les autres et posons-nous les bonnes questions.

Zalica Diarra

L'AIDE A L'AFRIQUE

Le 20 janvier 1949, le président américain Harry Truman, déclara : « Nous devons nous engager dans un nouveau programme pour mettre les avantages de nos progrès de la science et le progrès industriel au profit de l'amélioration et la croissance de zones sous-développées ». Ces mots suscitèrent l'aide au développement accordée par les pays industrialisés aux pays en développement ou « sous-développés » comme on les appelait à l'époque. Peut-on remettre en cause tant de générosité et d'empathie pour des populations lointaines? Il serait naïf de croire en un altruisme désintéressé des pays occidentaux.

Le discours du président Truman fut prononcé devant le Congrès américain pendant la Guerre Froide, lorsque l'Union Soviétique (URSS) gagnait du terrain et étendait son influence dans le monde. Le but de l'aide au développement était de lutter contre la progression du communisme en orientant les pays en développement vers un système capitaliste et ainsi, consolider la domination du bloc américain. La belle promesse n'était donc pas dénuée d'intérêts personnels.

Soixante-six ans après que cette allocution, le contexte est certes différent, mais les intentions sont toujours intactes. Peter Thomas Bauer, économiste hongrois, affirme que l'aide au développement ne serait qu'un instrument pour maintenir les pays en développement dans leur condition actuelle : une dépendance aux pays industrialisés à travers le flux de capitaux provenant de ceux-ci.

En 2012, plus de 125 milliards de dollars d'aide publique au développement ont été versés par les membres du Comité d'aide au développement de l'OCDE*. Officiellement destinée à soutenir le processus de développement de nombreux pays, cette conséquente manne financière perçue chaque année ne ferait que ralentir celui-ci.

En effet, l'entrée de capitaux, sous la forme de dons, nuit à l'entreprenariat local du fait de la situation de rente que cela crée pour les bénéficiaires. L'initiative privée est ainsi freinée, ce qui est défavorable à la croissance des pays en développement. En outre, les projets financés par l'aide au développement ne sont pas toujours pertinents et quand bien même le seraient-ils, la corruption qui mine nos pays empêche de consciencieusement mener à bien les projets. Les mécanismes de contrôle mis en place sont insuffisants du fait de la difficile traçabilité des fonds, lesquels au final servent à entretenir un système économique inefficace.

Aussi, recevoir une aide extérieure n'incite pas nos dirigeants à changer de politique pour l'essor du continent africain. L'Afrique dispose de multiples ressources : des richesses naturelles abondantes, une population importante et majoritairement jeune, pour ne citer que cela, offrant diverses possibilités de développement économique et social.

Nous sommes de ce fait convaincus qu'il est temps de laisser l'Afrique construire son futur en toute autonomie et trouver une dynamique de croissance basée sur ses ressources internes et propre à son identité. Plusieurs tentatives de modèles économiques seront nécessaires, mais nous croyons en l'immense potentiel du continent!

Animan Linda et Diabaté Mélissa

*OCDE : Organisation de coopération économique et de développement

L'AFRIQUE ET SES AFRICAINS

L'Afrique ne sortira de tous ces tourments politiques, économiques et sociaux que lorsque l'Africain aura pris conscience de son « Africanité ». Nous blâmons souvent le ''Blanc'' pour toutes les difficultés et différentes crises que nous observons sur notre cher continent, « ce sont eux qui ont favorisé le génocide Rwandais ! », « ce sont encore eux les responsables de la crise dans l'Est Congo (RDC) », « ce sont les mêmes qui ont financé la crise ivoirienne » etc. Mais une chose sûre et certaine est que le colon ne peut agir sans l'accord et la participation du colonisé. Si le colon a favorisé le génocide au Rwanda, c'est le Rwandais qui a tué son frère Rwandais. Si le colon a financé la tentative de coup d'Etat 2002 en Côte d'Ivoire, les Ivoiriens ont été attaqués par d'autres Ivoiriens. Nous blâmons le colon pour tout, mais 90% des guerres en Afrique sont qualifiées de ''civiles'' ou ''tribales''. Des exemples qui nous poussent à soutenir que les coups d'Etat qui sévissent sur le continent africain sont faits avec l'accord d'Africains, par des Africains, et pour les intérêts personnels de ces Africains-là. Des intérêts masqués sous une panoplie de revendications qui ne nécessitent pourtant pas autant de morts, autant de dégâts.

Ces schémas plus souvent observés dans les « anciennes » colonies francophones portent à croire que les dirigeants de ces pays n'ont que deux choix de gouvernance, se laisser diriger et contrôler par le colon, ou se battre pour obtenir une véritable indépendance. Dans le premier cas, le président signera tous les accords voulus par les vrais dirigeants, en échange d'une paix et d'une protection sans faille de la part du colon protecteur, et sera donc ainsi surtout maintenu au pouvoir pendant de longues décennies. Le deuxième cas par contre relève l'hypothèse d'une éventuelle ''bataille'' qui s'avérera très difficile, car si l'on considère l'introduction de ce texte, le colon trouvera toujours un africain, opposant au pouvoir actuel, prêt à mettre la quiétude de sa patrie et la vie de ses compatriotes en danger. Et cela, rien que pour un but égoïste et personnel, car même si l'Africain commence avec de bonnes intentions, la suite on la connait tous. Mobutu a été chassé du pouvoir, chose dont le Zaïre avait peut-être besoin, mais aujourd'hui la suite nous la connaissons, les Congolais la vivent.

L'Africain danse au rythme de la musique que lui joue l'occident. Et même si certains se plaignent de ces rythmes endiablés, il y en aura des infatigables, toujours prêts à danser. L'on a dit « Pauvre Afrique, hier l'occident t'imposait des dictateurs, aujourd'hui elle t'impose des démocrates ». Ali Bongo, Mobutu Sese Seko, pour ne citer que ceux-là, faisaient partie de ces dictateurs soutenus et approuvés par l'Occident. Mais 30 ans plus tard, des guerres, coups d'Etat, génocides et autres troubles sont suscités de part et d'autre sur le continent pour chasser les dictateurs tels que Kadhafi, afin d'imposer des « démocrates » à tout prix. Ah ! Pauvre Afrique de ces Africains.

Zalica Diarra

EN ATTENDANT LE VOLUME II...

UN JOUR NOUVEAU

Le jour se lève et j'entends au salon la fille de ménage qui commence déjà à s'atteler à sa tâche. Il n'est que 7h du matin lorsque je me rends sur mon balcon prendre la température, histoire de savoir quoi mettre ce matin. Même si le temps peut changer par la suite, il est toujours préférable pour moi de faire ce rituel chaque matin que de me fier aux prédictions des météorologues Africains.

Du haut du sixième étage de l'immeuble où se situent mes appartements, j'aperçois en bas le gardien qui plie sa natte après une rude nuit à même le sol. Au début, je ne comprenais pas pourquoi il venait au travail avec une natte alors qu'il était censé rester éveillé pendant que nous dormions, et qu'un banc avait même été mis à sa disposition. Puis, un matin, alors que je rentrais de mes nombreuses balades aux environs de 3h, je compris alors que les locataires de l'immeuble "Les Oscars" n'étaient pas les seuls à fermer l'œil pendant la nuit...

Quelques voitures passent sur la route non goudronnée qui borde l'immeuble, me tirant de mes réflexions. Quelques femmes aussi, avec leur enfant sur le dos, un seau rempli d'eau à la main, et un fagot de bois posé sur la tête; ainsi que quelques hommes à bicyclette. Un peu plus loin, "Diallo" ouvre sa boutique, pendant que sa femme s'attèle à sortir ses marmites et casseroles pour confectionner des galettes dont elle seule a le secret. Les ouvriers ne vont pas tarder à passer se procurer ces "gboflotos", petit déjeuner typiquement ivoirien, qui leur permettra de tenir jusqu'à midi. Il fait jour, il fait beau.

Je lève la tête et mon regard s'attarde sur l'étendue de la ville qui prend vie. Ces rues où j'avais laissé des traces de mes pas. Ces quartiers qui avaient été témoins de nos jeux d'adolescents. Ces maisons qui ont été témoins de nos 400 coups, mes cousins et moi. Qui n'a pas joué à sonner aux portes de celles-ci avant de s'enfuir rapidement, pour ne pas que les propriétaires que nous déplacions inutilement nous mettent la main dessus? Cela parait tellement bête maintenant que j'y pense mais oh combien intéressant même jusqu'à nos 15 ans.

Abidjan qui m'a vu grandir, Abidjan où j'ai passé toute mon adolescence, Abidjan qui même dans sa misère la plus frappante paraissait toujours aussi belle aux yeux de ceux qui l'ont réellement connue, Abidjan prenait vie ce matin.

Zalica Diarra

FACTS SHEET SUR LA COTE D'IVOIRE

La Côte d'Ivoire est située en Afrique de l'ouest entre le Ghana, le Libéria et la Guinée.

Sa superficie est de 322.462 kilomètres carré, et détient un patrimoine forestier de 6.000.000 d'hectares[1]. Elle possède une fenêtre de 520 kilomètres, donnant une sublime vue sur l'océan Atlantique. Sa dynamique interne se constitue autour de groupes humains, de petites Nations déclinées sous la connotation populaire d'« ethnie ».

Les plus anciennes migrations ayant constitué le peuplement de la Côte d'Ivoire actuelle, se sont situées vers la fin du XVe, jusqu'au XIXe siècle.

In fine, nous aurons 4 grands groupes ethniques :

➢ Dans le Nord-Ouest et l'Ouest jusqu'au Bandama le groupe Mandé, subdivisé en Mandé du Sud à la limite Nord de la forêt et comprenant :
   - les Dan ou Yacouba
   - les Toura et les Gouro.
   - Les Mandé du Nord représentés par les Malinké et les Dioula.

➢ Dans le Nord-est, le groupe Voltaïque avec :
   - les Sénoufo autour de Korhogo,

---

[1] L'histoire et la géographie de la Côte d'ivoire, **Les données du milieu naturel,** 2006, dernière mise à jour en 2015, http://www.gouv.ci/ci_histogeo_1.php, consulté le 23 avril 2015.

- les Koulango dans la région de Bondoukou-Bouna,
- les Lobi à Bouna dans l'extrême Nord-est.

➤ Dans le Sud forestier à l'Ouest du Bandama, nous avons les Krou

avec comme sous-groupes dans la région de Tabou :

-les Wê (Guéré, Wobé) autour de Guiglo-Man,

-les Bété, dans le triangle Daloa-Gagnoa-Soubré,

-les Bakwé, les Godié et les Dida sur l'axe Issia, Lakota, Divo.

➤ - Dans le Centre, au Sud, au Sud-est et l'Est, l'on retrouve Le groupe Akan enfin réparti entre :

- les « Lagunaires »,

- Et le groupe Agni-Baoulé.

Le 10 Mars 1893, la Côte d'Ivoire devenait une colonie autonome par décret. En 1944, suite au discours de Brazzaville la vie politique fédéraliste Africaine se met en branle et s'affirme de plus en plus. Au plan national, plusieurs partis politiques sont créés à partir de 1946:

- Parti Démocratique de Côte d'Ivoire (1946)
- Section Ivoirienne de l'Internationale Ouvrière (1946)
- Parti Progressiste de Côte d'Ivoire (1947)
- Bloc Démocratique Eburnéen (1949) [2]

La Côte d'Ivoire aura son premier dirigeant, Félix Houphouët Boigny.

Avec la loi cadre, c'est une série de chamboulements qui s'en

---

[2] *Ibid.*

suit.

Le ''oui'' du 28 mars 1958 ouvre une brèche, le 7 août 1960, la Côte d'Ivoire deviendra indépendante.

1960 : moins de 3 millions d'habitants sur une couverture forestière de 16 millions d'hectares.
(Ministère d'état Ministère du plan du développement et le PNUD

« Pushing out of block »

À partir de 1960, la Côte d'Ivoire voit son économie se transformer et prendre un nouveau départ.
Un miracle à venir? L'agriculture, l'industrie, le commerce et les finances brillent de mille feux.
À l'origine de tout ceci, un capitalisme gargantuesque pour garantir l'avenir économique de la métropole ? Ou pure stratégie visionnaire de nouveaux hommes forts du pays ?
Mais nous ne sommes pas là pour approfondir ces questions.

Mon grand-père : *« Il y'avait ceux qui disaient que Houphouët avait été acheté, qu'il servait les intérêts de la métropole, et d'autres, qui l'érigeaient en visionnaire. »*

...

Selon l'OCDE[3], l'on pourrait décliner l'évolution économique de la Côte d'Ivoire sous trois phases.

---

[3]L'Organisation de coopération et de développement économiques

Une première phase se situant de 1960 à 1978, une seconde de 1979 à 1993 et une de 1994 à nos jours. Certaines de ces périodes reçurent des titres résumant l'état général du pays. Survolons-les comme suit :

L'âge d'or de l'éléphant Africain *(World Bank, 1999)* - « le miracle ivoirien » ou « le mirage ivoirien » (1960-1970; 1980-1990)
« le retour du miracle ivoirien » (Christine Lagarde) - Aujourd'hui.

1960-1970, l'âge d'or de l'éléphant Africain

Au début de cette période, le premier poste de l'économie de la Côte d'Ivoire n'est tout autre que l'agriculture. Ses deux produits phares, d'exportation, sont le Café et le Cacao.

En termes de recette d'exportation, ces deux produits en représentaient la majeure partie et constituaient une part importante du PIB à leurs plus belles années.

Dans les années 1970, en pleine réussite économique, la démographie de la Côte d'Ivoire explose.

Elle atteint annuellement les 5,5%[4]. Au Burkina Faso voisin, malgré un taux de fécondité quasi similaire à celui de la Côte d'Ivoire le taux de croissance démographique par année ne dépasse les 2,3%.

Le boom des matières premières.

---

[4] Banque Mondiale, « Côte d'ivoire, revue de l'aide de la Banque Mondiale au pays », Perspective historique, Washington, 1999, p.1.

De 1972 à 1977, les prix mondiaux du café et du cacao quintuplent[5] en dollar courant.

Dans cette même foulée, les recettes de ces deux produits triple et font exploser la recette totale d'exportation ivoirienne qui se retrouve ainsi à 120%.

Une mutation sociale s'opère. Le niveau de vie des habitants augmente, les domaines de l'éducation, du social et du sanitaire sont équipés et fonctionnent à merveille.

En 1978, le PIB par habitant atteint les 3,9% en moyenne par année jusqu'en 1978 *(OECD, World Bank, 1999, IMF, 1998)*. Le PIB par habitant est alors de $1837 selon la World Bank. *(Aujourd'hui il est de $1410 selon la DGT - Direction Générale du Trésor, chiffres de 2015)*.

Pendant cette période, Le café et le cacao réalisent des gains exceptionnels et attisent les feux du « sur-expansionnisme ». C'est '' l'euphorie totale'' *(World Bank, 1999)*. Entre autre, la petite somme de 700 milliards de FCFA de 1970 à 1978 est déversée dans différents secteurs de l'économie. Le coût de la vie a augmenté de 30% *(World Bank, 1999)*. L'Etat recrute ses fonctionnaires, les salaires du secteur formel comme l'indique la World Bank sont pratiquement au même niveau que les pays industrialisés. Tout va très bien.

De plus, pour soutenir l'agriculture et l'expansionnisme à tous les niveaux, il y'a cette forte population d'immigrés qui s'est entre temps jointe au travail.

En 1975, cette population constituait alors les 22% de la

---

[5] *Ibid.*

population ivoirienne, un des taux les plus élevés en Afrique subsaharienne : Gambie 11% en 1973, Bénin 1,2% en 1979[6].

I must be gone and alive, or stay and die – W. Shakespeare, ''Romeo and Juliet'', Act 3, scene 5, 1623.

Tableau : Origines des populations d'immigrés

	Immigrés	%	
Burkina Faso		1.564.652	51,5
Mali	721.500	23,5	
Guinée	225.845	7,4	
Ghana	167.783	5,5	

Source : DonatillaCyimpaye, *MIGRATION, EMPLOI ET ÉPARGNE EN AFRIQUE.*

1980 - 1990

L'Etat s'endette déjà malgré tout, et lorsque la baisse des cours explose entre 1986 et 1993 (-70%), le ciel lui tombe sur la tête. Il faut à la fois gérer la lourde dette mais aussi choisir entre continuer, ou stopper la masse colossale d'investissement déjà amorcé suite à cette volonté d'expansion.

Mais un Bélier qui charge ne s'arrête pas sur sa lancée, encore moins un éléphant. Croyant en une remontée prochaine des prix, le Bélier redouble son programme d'emprunt. Seulement voilà, l'intervalle 1985 et 1993 sera bel et bien la fin des

---

[6]Donatilla Cyimpaye, *MIGRATION, EMPLOI ET ÉPARGNE EN AFRIQUE : le cas des migrants burkinabé à Abidjan (Côte-d'Ivoire)* [PDF-en ligne], Thèse Ph.D., Québec, Faculté des Sciences Sociale Université de Laval, 2001

illusions. Du côté de la CAISTAB, la pourvoyeuse d'or, elle, croule sous 170 Milliards de FCFA de dette contractée auprès des banques.

Pour la suite hélas, il faudra Bretton Woods.

La dégradation des termes de l'échange et la saignée du Franc CFA auront finalement eu raison du miracle.

Soulignons qu'en 1988, la population était passée à 10 815 694 millions d'habitants(Le ¼ provenant de l'immigration), elle était de 6 709 800 millions en 1975 chiffres selon la CGECI – Confédération Générale des Entreprises de Côte d'Ivoire – Le patronat ivoirien.

(6.702.800 d'habitants en 1975 selon Agence Française de Développement)

Les exportations chutent de 64%, en 1987 c'est la récession. Jusqu'en 1993, le PIB ne fait que diminuer de -5% par tête, et la pauvreté a gagné du terrain.

<u>1990 à 2010</u>

Exclusivement politique, cette période est de tous les suspens.

Le 12 janvier 1994, le franc CFA est dévalué (Histoire du franc CFA, BCEAO, 2012).

Le 7 décembre 1993, le Bélier mourrait.

Entre 1985 et 1995, la pauvreté passe de 11% à 37%. L'économiste Samir Amin parlait alors du « mirage ivoirien ».

Néanmoins, en cette fin d'année 1993 le peuple de Côte d'Ivoire à bien d'autres soucis.

Effectivement, depuis 1990, il y'a le multipartisme. Ce dernier ouvre la porte sur une autre Côte d'Ivoire, moins docile, plus critique et plus revancharde. A la mort du Bélier, qui lui succèdera ?

Là, se trouvaient les soucieuses et douloureuses épines cérébrales dont souffraient les ivoiriens.

Car leurs hommes politiques avaient tous cru, le moment de leur sacre venu. Irresponsabilité face à l'histoire ? Égoïsme et mépris du peuple ? Ou ainsi, se préparait par ce qui en découlera, l'avènement d'une nouvelle Côte d'Ivoire ? L'histoire en sera le griot.

Economie et trouble politique ne font la paire, l'histoire nous l'apprendra encore une fois.

Les douze chantiers de l'éléphant d'Afrique et sa pluie de milliards prévue, en seront témoins privilégiés. En 1995, il y'a « révolte » constitutionnelle, l'ivoirité fait son chemin et n'est plus Président qui veut.

4 années plus tard, soit, le 24 Décembre1999 un coup d'état éclate, le navire Ivoire vient de couler.

La transition militaire échoue littéralement, la fracture identitaire a pris de l'ampleur.

En 2000, le contenu et l'environnement direct du processus électoral seront les points de rupture.

Le 27 Octobre 2000, 57 corps sont retrouvés sans vie à Yopougon. Des violences éclatent en Janvier 2001 et le 9 Octobre s'exécute un forum pour la réconciliation nationale. Il n'aura guère de succès. Encore du boulot sur la planche du Président.

De 2002 à 2005, puis de 2005 à 2010 le pays s'installe dans une spirale infernale. Octobre 2009, un rapport de l'ONU s'inquiète d'un réarmement dans une certaine partie du pays.

Mais il y'aura tout de même élection, et le 5 Décembre 2010 la Côte d'Ivoire se retrouve avec deux présidents de la République, et deux gouvernements. Stupéfaction internationale, les années 70 sont bel et bien révolues. Le 28

Mars 2011, une grande offensive est menée sur la capitale économique, le pays a depuis lors sombré dans une guerre civile, minimisée sous le ''nom de code'' semble-t-il de « crise postélectorale » (pas moins de 3000 âmes perdues). Le 4 Avril 2011 la situation humanitaire dans la capitale économique s'est entièrement dégradée. Le 11 Avril 2011 c'est la fin des combats. Même avec le nerf fragile il faudra diriger.

Fin : Les ivoiriens se remettent au travail malgré tout.

En 2012, le taux de croissance du PIB est à 9% après une baisse de 4,8% en 2011.
De 2012 à 2015, le PND (Programme National de Développement) entend propulser le pays vers l'émergence 2020, et lui redonner son lustre d'antan par une stabilité durable. Cette stabilité durable, seule garant d'une économie et d'un développement infrastructurelle en bonne santé sur le long terme. Le PND, c'est une vision axée sur le PPP où le secteur privé sera présent à 54%[7].
Dès 2015, le pays semble beaucoup mieux se porter, au niveau des chiffres, malgré le grincement de dents des institutions financières internationales, concernant l'émission de certains de ces chiffres par le gouvernement ivoirien.
Les perspectives concernant la croissance du pays sur la période 2016-2017 du FMI sont de 7,6%, selon un de leurs rapports du 15 juin 2015, nous rappelle Jeune Afrique dans son article du 18 juin 2015 intitulé : « *Côte d'Ivoire : le FMI se montre réservé sur les prévisions de croissance.* »

---

[7] Banque Africaine de développement, « *Côte d'Ivoire - Document combiné de Stratégie pays 2013-2017 et Revue de portefeuille 2013* », résumé analytique, département ORWA, 2013, P.IV.

La récolte du manioc subit une hausse de 74% contribuant au 1,3 point des 7,9% du PIB 2015 (Selon le gouvernement via jeune Afrique de juin 2015).

Arnaud Blé-Debuc.

La Côte d'Ivoire en résumé

✓ **Capitale :** Yamoussoukro
Villes principales : Abidjan, Bouaké, San Pedro,
Gagnoa, Korhogo, Daloa, Yamoussoukro
Langue (s) officielle (s) : Français
Monnaie : Franc CFA
Fête nationale : 7 août

Données démographiques

✓ **Population :** 23 millions d'habitants (Ministère ivoirien
du Plan, Recensement 2014)
Densité : 61 hab. /km² (Banque Mondiale, 2011)
Croissance démographique : 2,6 % (Ministère ivoirien
du Plan, 2014)
Espérance de vie : 57,2 ans (Banque Mondiale, 2012)
Taux d'alphabétisation : 57% (Banque Mondiale,
2011)
Indice de développement humain : 171ème/ 187 pays
(PNUD, 2013)
Classement Transparency International : 136ème/177
pays (2013)

Données économiques

✓ **PIB :** 35 Mds USD (DGT, 2014)
PIB par habitant : 1 410 USD (DGT, 2015)
Taux de croissance : 8% (DGT, 2014)
Taux d'inflation : 1,7 % (DGT, 2013)
Solde budgétaire : - 2,5 % du PIB (DGT, 2014)
Balance commerciale : 1 468 Mds FCFA (FMI)
Principaux clients (Economist Intelligence Unit,

2009) : Pays-Bas (13,9%) ; France 10,7% ; Etats-Unis (7,8%) ; Allemagne (7,2%)
Principaux fournisseurs (Economist Intelligence Unit, 2009) : Nigeria (20,7 %), France (14,2 %), Chine (7,2 %), Thaïlande (5,1 %)
Part des principaux secteurs d'activités dans le PIB (Banque Mondiale, 2011) :

- agriculture : 24,3%
- industrie : 30,3%
- services : 45,4%

UNION – DISCIPLINE – TRAVAIL et PROGRES

- Make Côte d'Ivoire great again. Gagnons ensemble.
Ensemble, c'est la Côte d'Ivoire qui Gagne.